Kurt Hennig

Gott ist nicht liberal

Biblische Thesen zu Hauptworten der Gegenwart

Hänssler-Verlag
Neuhausen-Stuttgart

CIP-Kurztitelaufnahme der Deutschen Bibliothek

Hennig, Kurt:
Gott ist nicht liberal: bibl. Thesen zu
Hauptworten d. Gegenwart / Kurt Hennig. –
Neuhausen-Stuttgart: Hänssler, 1982.
(Edition C: Taschenbuch; T 58)
NE: Edition C / Taschenbuch
ISBN 3-7751-0735-5

EDITION C – Taschenbuch T 58

Umschlaggestaltung: Heide Schnorr von Carolsfeld
Gesamtherstellung: Ebner Ulm

Inhalt

Beim Wort kommt es auf die Worte an

»Verdunkeln jedoch Befreiungsparolen und -aktionen das biblische Freiheitsverständnis, so muß wider den Gleichlaut der Vokabel der Gegensatz der Bedeutung klargestellt werden« (Prof. Gerhard Ebeling in seinem Referat vor der Synode der EKD in Fellbach, 1981).

»Wider den Gleichlaut der Vokabel!« Denn eines der entscheidenden Probleme der kirchlichen Verkündigung besteht heute darin, daß vielen geprägten biblischen Begriffen – und zwar gerade den großen Hauptworten des Glaubens – ein veränderter Sinngehalt statt der von der Heiligen Schrift vorgegebenen und strikt zu beachtenden Bedeutung aufgelastet, übergestülpt wird. Gerade biblische Fundamentalbegriffe werden heute in ihrem Sinnverständnis durch moderne, ideologisch, in aller Regel also politisch vorgeformte Inhaltsbestimmungen im Kern verschoben, verändert, nicht selten geradezu vergewaltigt.

Worte aber sind Märtyrer, zu deutsch: Sie sind Zeugen. Zeugen einer nicht aufgebbaren, nicht veränderbaren und nicht angleichbaren Wahrheit. Biblische Worte sind Zeugen der Wahrheit Gottes, sind die Bausteine des Wortes, des Wortes Gottes also. Daß Märtyrer oft erst durch Mißhandlung zu Zeugen der Wahrheit ihres Herrn werden, der selber das Wort, Gottes Wort, in Person ist (Joh 1,1.4; Offb 19,18), das lehrt die Geschichte des Glaubens seit eh und je. Die Mißhandlung der großen Grundworte des christlichen Glaubens endlich zu durchschauen und entschieden die Stimme dagegen zu erheben, das ist ein Gebot der Stunde. Einen Anfang dazu wollen die folgenden Seiten machen.

Einen Anfang – denn es müßte genauso dringend über andere Begriffe gesprochen werden, die ebenso durch den Geist der Zeit mißhandelt werden wie die wenigen hier ins Visier genommenen Exempel. Über die Freiheit etwa, von der die Bibel spricht, und daß sie grundverschieden ist von der »Freiheit, die sie meinen«; sie, die Ideologen unserer Zeit und ihre Meinungsmacher. Auch wäre es dringend geboten, darzulegen, was die Heilige Schrift des Neuen und Alten Testaments nun wirklich unter Gerechtigkeit versteht und was sie damit ausdrücklich *nicht* meint. Oder was Liebe nach biblischem, also christlichem Verständnis sei. Oder Hoffnung oder Glück oder Recht oder Ehe oder Schöpfung oder . . . Und nicht zuletzt: was die Bibel zu solchen Hauptworten des Denkens sagt, die es bezeichnenderweise in der Heiligen Schrift überhaupt nicht gibt: Toleranz etwa (vgl. dazu S. 50 ff.) oder Gleichheit aller Menschen oder Einheit.

Wir können jetzt nur diesen ersten Anfang setzen. Der Kundige wird schnell entdecken, wieviel der Verfasser außer den einschlägigen Kommentaren dabei *dem* theologischen Standardwerk unseres Jahrhunderts, dem »Theologischen Wörterbuch zum Neuen Testament«, also »dem Kittel« verdankt, aber auch dem »Theologischen Handwörterbuch zum Alten Testament« von Jenni/Westermann. Das 1932, vor 50 Jahren, von Gerhard Kittel begonnene und 1978 abgeschlossene Wörterbuch hat die Kirche davor bewahrt, aus den Worten der Bibel Wörter der Zeit zu machen, nach denen dem Menschen gerade »die Ohren jücken« (2 Tim 4,3).

Die hier vorliegenden Versuche, biblische Begriffe allein nach biblischen Maßstäben zu messen und zu erklären, tragen das Gewand von Thesen. Thesen bekunden, daß sie eine Diskussion nicht gegenstandslos machen, sondern eröffnen wollen. Über Thesen redet man; Thesen sind kein Versuch, Schlußsteine zu setzen. Nur: Der Maßstab eines Gesprächs über die Worte muß dabei immer das Wort bleiben, also das Wort Gottes, wie es uns in der Heiligen Schrift vorgegeben ist. Das Wort, dieses biblische Wort, ist das Maß aller Dinge.

Esslingen, 31. Dezember 1981 Kurt Hennig

Friede, Friede . . .

17 biblische Thesen zum Begriff »Friede«

Wenn es richtig ist, daß Worte zu Märtyrern gemacht werden, daß biblische Worte mit ihrem geprägten, biblischen Sinngehalt zu mißhandelten Märtyrern der Wahrheit des Glaubens werden, dann ist das Wort »Friede« der Erzmärtyrer unter den Worten der Gegenwart. Die Vermengung der biblischen Bedeutung dieses großen Wortes der Liebe Gottes mit den Sehnsüchten, Ängsten, Protesten, Politaktionen, Forderungen des Menschen scheint so unentwirrbar geworden zu sein, daß man es allmählich kaum mehr wagt, den biblischen Befund herauszuschälen und das Licht *des* Friedens, »der höher ist als alle Vernunft« (Phil 4,7), auf den christlichen Leuchter zu setzen. Aber eben dies tut dringend not.

Freilich: Wer sich heute christlich verantwortlich, das aber heißt: biblisch verantwortlich zum Frieden äußert, müßte eigentlich ein Buch schreiben, denn der Sachverhalt ist alles andere als einfach und selbstverständlich. Wo es wie hier in Thesen versucht wird, wird damit ausgedrückt, daß eine einigermaßen fundierte Erörterung auf Grund der Thesen erst beginnen müßte. Die Angabe biblischer Belegstellen kann die eingehendere Darlegung nicht ersetzen, aber doch einleiten.

I. Der Friede im Alten Testament

These 1:

Die alttestamentliche Vorstellung von »Frieden«, dort im allgemeinen mit dem Wort »Schalom« wiedergegeben, meint die Gesamtheit des äußeren und inneren Wohles des Menschen in Israel und des Gottesvolkes Israel, also alles, was heilsam ist für diejenigen, die alles aus der Hand Gottes empfangen. In besonderem Maße ist dieses »heilsame Wohlsein« – und dies ist Schalom – der Inbegriff des Heiles des kommenden Reiches des Messias.

These 2:

Dieser Schalom ist immer Israels Schalom, also der besondere Friede des Volkes Gottes. Er ist nicht zugleich der Friede der Völker und nicht dasselbe wie gesellschaftlicher Friede. Schalom ist der gottgeschenkte Friedenszustand Israels, die Umfriedung, die Gott seiner Gemeinde mitten in der friedlosen Welt der Völker baut, ist Gottes »feurige Mauer um sie her« (Sach 2,9). Auf Gideons Altar steht: »Der HERR ist der Friede« (Ri 6,24). So auch Ps 122,7; Jes 60,18. Vergleiche dazu Offb 21,17.

These 3:

Schalom ist Gabe aus Gottes Hand und darum ein Begriff des Glaubens. Wenn Gott seinen Frieden gibt, so ist dies derselbe Vorgang wie bei dem »Bund«, den Gott mit Abraham und mit dem Volk Israel schließt. »Der Bund meines Friedens soll nicht hinfallen« (Jes 54,10). Schalom ist immer auf Gott bezogen. Schalom und Gottesfurcht sind untrennbar.

Dazu: 4 Mose 6,26; Ps 29,11; 85,9; Jes 66,12; Mal 2,5; besonders Hes 34,25 und Hes 37,26.

These 4:

Gottes Friede ist eine schon gegenwärtige Gabe in dieser Welt. Seine Vollendung findet der Friede im kommenden Reich des Messias, des großen Friedensfürsten. Aber: Nur Gott bringt den Frieden, nicht Israel, nicht der Mensch. Darum ist bei den Worten der großen Friedenssehnsucht, vorab bei dem vielzitierten Wort von den Schwertern, die zu Pflugscharen gemacht werden sollen (Jes 2,4), strikt zu beachten, daß ihre Erfüllung ausdrücklich nicht eine Möglichkeit in dieser Welt und innerhalb ihrer Zeit ist, sondern für die »letzte Zeit« (Jes 2,2) verheißen ist. Israel versteht dies im Blick auf das kommende Reich des Messias, die Kirche im Blick auf die neue Welt Gottes nach dem Ende dieser unserer vergehenden Welt (Offb 21,1–5).

These 5:

Das Alte Testament, besonders die prophetische Predigt, wendet sich hart gegen die falschen Friedensapostel. Falsche Friedenspredigt ist es, wenn Gottes Schalom verquickt und verwechselt wird mit politischem, nationalem Frieden, mit menschlichen Friedensappellen und mit propagandistischen Reden, wie man Frieden schaffen, verwirklichen könne: »und sagen: Friede, Friede! und ist doch nicht Friede!« (Jer 6,14) – nämlich nicht der von Gott allein verliehene Friede. Vgl. dazu Jer 28, besonders Vers 9; Hes 13,10 und 16.

II. Der Friede im Neuen Testament

These 6:

»Er ist unser Friede« (Eph 2,14). Der Friede im Neuen Testament ist Gottes Gabe und Gottes Tat. Der Friede Gottes hat einen Namen: Jesus Christus. Diesen Frieden Gottes brauchen wir nicht zu verwirklichen und noch weniger zu »entwickeln«. Der Friede, den die Bibel meint, ist verwirklicht – im Alten Testament signalisiert durch das Gotteszeichen des Regenbogens nach der Sintflut (1 Mose 9,12–17), im Neuen Testament im Kreuz Jesu Christi. Es gibt unsrerseits nichts hinzuzufügen: »Nun *ist* groß Fried ohn' Unterlaß.« Einen anderen Frieden als diesen meint das Neue Testament nirgends. Vergleiche dazu auch Apg 10,36; Kol 1,20.

These 7:

Dieser Friede ist eine reale Wirklichkeit und nicht vorschnell zu verengen auf einen Seelenfrieden. Von einem solchen redet das Neue Testament nur wenig, am ehesten noch Römer 15,13. Weil Friede die Rettungstat Gottes ist, mit der er den Unfrieden zwischen Mensch und Gott beendet, ist dieser Gottesfrieden keine Stimmung im Menschen, sondern ein Zustand aus Gott. Durch den Friedensschluß Gottes ist der verlorene Sünder gerettet. »So haben wir Frieden mit Gott durch unseren Herrn Jesus Christus« (Röm 5,1). Darum ist auch der Friedensgruß »Friede sei mit euch« kein freundlicher Wunsch, sondern die Mitteilung einer Gabe Gottes, die gegeben und auch wieder zurückgenommen werden kann. Siehe Joh 20,19; Lk 10,5 ff.; Kol 3,15 und mehr als zwanzigmal im Neuen Testament: »Gnade sei mit euch und Friede von Gott unserem Vater.«

These 8:

Der Friede, den Jesus bringt, ist durchweg ein anderer Friede als der, wie ihn diese Welt als Gegensatz zu ihrem vielfältigen Unfrieden kennt und ersehnt: »Meinen Frieden gebe ich euch. Nicht gebe ich euch, wie die Welt gibt« (Joh 14,27). Es steht im Widerspruch zu den Zeugnissen des Neuen Testaments, wenn wir die Friedensworte Jesu und der Apostel so usurpieren, als sei dort auch vom irdischen Frieden, vom Nichtkrieg, vom Nichtstreit unter den Menschen die Rede. Jesu Friede bringt nicht das Wohl, sondern das Heil des Menschen. Der Friede Gottes ist nicht dasselbe wie der Friede der Welt. So Joh 16,33; dazu im Licht des Neuen Bundes: Jes 53,5.

These 9:

Der Friede Jesu ist Friede auch mitten im Unfrieden der Welt. Er führt oft gerade nicht in ein besseres Ergehen, in die Segnungen eines ungestört friedlichen Daseins, sondern ins Erduldenmüssen, ins Leiden. Der Friedensgruß in Philipper 4,7 kommt aus dem Kerker! Das Leiden ist eine wichtige Kategorie des Friedens Gottes. Sein Friede findet sehr oft mitten im Erleiden des Unfriedens und des Unrechts statt. Schon bei Jeremia (29,11) wird der Friede unter den deportierten Zwangsarbeitern in Babel verkündigt – der Friede und nicht der Aufstand gegen die Unterdrückung! – Nirgends im Neuen Testament wird der Protest, die Aktion gegen ungerecht erscheinende, friedenstörende Strukturen gepredigt. »Wie Christus gesinnt sein« heißt nach Philipper 2,5–11 nicht aufbegehren, sondern sich erniedrigen, leiden, notfalls sogar bis zum Tode.

These 10:

So gewiß der Friede Gottes schon eine gegenwärtige Wirklichkeit ist (These 7), so gewiß findet der Friede, den Christus bringt, seine eigentliche Vollendung in der künftigen, neuen Welt Gottes, also nach dem Ende dieser alten Welt, im ewigen Friedensreich. Er ist der Zustand der neuen Schöpfung. So Röm 16,20; 1 Thess 5,23; 2 Petr 3,14.

These 11:

Friede in dieser Welt gehört nicht zur Botschaft Jesu Christi, wenn es sich um politischen, militärischen, nationalen und sozialen Frieden handelt. »Ihr sollt nicht wähnen, daß ich gekommen sei, Frieden zu senden auf die Erde. Ich bin nicht gekommen, Frieden zu senden, sondern das Schwert« (Mt 10,34). An diesem harten Leitsatz Jesu zum Thema Frieden auf Erden ist nicht vorbeizukommen. Wer aber sagt, hier meine Jesus doch eine andere Art von Schwert und Frieden, der bestätigt ja eben dadurch, daß *der* Friede, den Menschen entwickeln und verwirklichen zu müssen überzeugt sind, nicht der Friede ist, den Jesus meint.

These 12:

Die Weihnachtsbotschaft »Friede auf Erden« (Lk 2,14) steht in einem bestimmten, nicht auflösbaren Zusammenhang. Einmal: Dieser Friede wird keineswegs aller Welt zugesichert, sondern den Menschen, auf denen das Wohlgefallen Gottes ruht. Die Liebe, das Heil, der Friede Gottes wird denen zuteil, »die an ihn glauben« (Joh 3,16). Eine allgemeine Weltfriedensbotschaft hat das Evangelium nicht. Zum anderen: Diesen Frieden gibt es nie, ohne daß zuvor dem Ruf »Ehre sei Gott in der Höhe« Folge geleistet wird. Es kann niemals einen Frieden auf Erden geben, solange diese Erde nicht zuerst und ständig Gott in der Höhe anbetet, ihn ehrt, ihm gehorcht. Wo dies nicht zuerst geschieht, wird kein Friede auf Erden.

These 13:

Wo Menschen im Frieden mit Gott leben (Röm 5,1), da suchen sie auch den Frieden mit dem Nächsten. Das Wort aus Römer 12,18: »Ist es möglich, soviel an euch ist, habt mit allen Menschen Frieden«, zeigt sowohl diese Aufgabe als auch ihre

Grenze. Die Aufgabe: *mit* allen Menschen im Frieden zu leben. Die Grenze: Weder hier noch sonstwo im Neuen Testament ist davon die Rede, daß es nun auch Christenaufgabe sei, in allem Streit der Menschen und der Völker für Frieden zu sorgen und ihn mit allen Mitteln dieser Welt wie Protesten, Appellen, Aktionen usw. zu verwirklichen. Dies ist auch ausdrücklich nicht die Meinung der Seligpreisung von den Friedfertigen, den Friedensmachern. Denn dieses Wort zielt, wie alles in der Bergpredigt, auf das Verhalten der Jünger untereinander, auf das Verhalten in der Gemeinde Jesu, nicht auf eine Veränderung der Welt und nicht auf christliche Aktivitäten in dieser Welt. Vergleiche dazu außer Mt 5,9 noch Mk 9,50 oder Hebr 12,14.

These 14:

Vom irdischen Frieden als Gegensatz zum Krieg ist an einer einzigen Stelle des Neuen Testaments die Rede: Offenbarung 6,4. Schon daß diese Sicht des Friedens so singulär ist, gibt zu denken. Das andere auch: daß der apokalyptische Reiter auf dem roten Pferd, dem »gegeben ist, den Frieden zu nehmen von der Erde«, zu den endgeschichtlichen Bildern apokalyptischer Greuel gehört. Wer von dieser Stelle in Offenbarung 6 aber plötzlich auf gegenwärtige Machtsysteme und Machtträger schließen will, der sehe wohl zu, was er tue.

III. Zusammenfassung: Einige Konsequenzen für die Kirche

These 15:

Die Christen und die Kirche bezeugen den anderen Frieden, den »Frieden von Gott unserem Vater und von unserem Herrn Jesus Christus«. Sie werden nicht aufhören, die gute Botschaft von dem Frieden weiterzusagen, der höher ist als alle Vernunft (Phil 4,7), höher als aller Streit und Krieg der Welt, höher aber auch als alle Friedensbemühungen um einen irdischen Nichtkriegszustand. Denn der Friede Gottes bleibt auch Friede im Krieg und in jeder Art von Unfrieden dieser Welt.

These 16:

Die Christen und die Kirche wissen aus der Heiligen Schrift, daß alle irdischen Friedensbestrebungen so lange zum Scheitern verurteilt bleiben, als sie beim Menschen und bei der Besserung des menschlichen Wesens einsetzen. Den irdischen Frieden kann keine Generation durch Maßnahmen, Proklamationen, Manifeste und Proteste verwirklichen. Frieden unter Menschen gibt es nur dort, wo Gott mit den Menschen Frieden gemacht hat und wo Menschen an Gott glauben, ihm allein die Ehre geben, ihn lieben und ihn fürchten. Wo dies nicht geschieht, werden alle Friedensbemühungen der Menschen auf dieser Erde nie den Frieden schaffen und verwirklichen können. Niemals.

These 17:

In dieser Welt hat auch die Kirche teil am »ängstlichen Harren der Kreatur«, der ganzen geschaffenen Welt (Röm 8,18–23). Also hat sie auch teil an der Angst vor dem Krieg und am Sehnen nach irdischem Frieden in der Welt. Sie sagt ja zum Frieden unter Menschen und Völkern, und sie bekundet das so unmißverständlich wie möglich. Sie bejaht aber den Frieden als solchen und von Grund auf. Deshalb kann sie sich keinesfalls auf Methoden der Friedensentwicklung festlegen. Sie würde damit zur weltlichen Partei. Darum muß die Kirche der Versuchung, den Frieden zu qualifizieren, entschieden widerstehen. Die Christenheit, die Kirche hat keinen Auftrag und keine Vollmacht, bestimmte Qualitäten des Friedens als die richtigen oder als die richtigeren auszugeben: Friedenssicherung durch ausreichende Rüstung, Frieden durch Abrüstung, Frieden durch Vollendung der Weltrevolution, Frieden durch entschlossene Abwehr der Ideologie der Weltrevolution und so fort. Sobald die Kirche den Frieden in irgendeiner Weise qualifiziert, ist sie auf weltlichen Abwegen. Sie muß den Mut haben, vermeintlich unkonkret zum Frieden zu reden. Das »Daß« der Wichtigkeit des Friedens bejaht sie eindeutig; aber sie verzichtet konsequent auf politische und andere Ratschläge über das »Wie« seiner Erreichung.

These 18:

Statt der Qualifikation des Friedens liegt aller Nachdruck ihrer Botschaft auf der einzigen Voraussetzung des Friedens auf Erden: Fürchtet Gott, glaubt an Gott, so habt ihr Frieden! Sie nimmt die prophetische Botschaft auf: »Suchet den Herrn, so werdet ihr leben!« (Am 5,6). Sie weiß um die Unausweichlichkeit der biblischen Wahrheit, und daß es dort, nur dort, eine Besserung der verwahrlosten menschlichen und irdischen Verhältnisse gibt, wo der Mensch umkehrt in die offenen Arme Gottes. Sie bezeugt den göttlichen Kausalzusammenhang von Umkehr zu Gott und Frieden auf Erden.

Die Armen und die Reichen und Jesus – War Jesus Sozialist oder Kapitalist?

19 biblische Thesen zu den Begriffen »arm« und »reich«

Die Frage, ob Jesus mehr für die Armen als für die Reichen war, ob er eher Sozialist oder eher Kapitalist war, bewegt die Gemüter seit Anbeginn des Christentums. In neuer Zeit scheint Jesus, nach Ansicht mancher Theologen, nur für die Armen gekommen und zuständig zu sein. Dem Armsein als solchem wird bereits eine heilsgeschichtliche Qualität beigemessen. Auf der Weltmissionskonferenz des Weltkirchenrates im Mai 1980 im australischen Melbourne wurde von der »Kirche der Armen und Machtlosen« geredet, die ein »bedeutsames Wort« für die Reichen habe: daß nämlich »Nachfolge den Einsatz für die Armen beinhalten muß«.

Ob Jesus nun für die Armen und Unterdrückten gekommen ist und sie zu den vorrangigen Trägern und Empfängern seines Heils gemacht hat, zu den berufenen Bürgern seines Reiches, diese Frage kann nur aus seiner eigenen Botschaft heraus entschieden werden. Der biblische Befund dafür ist interessanterweise verblüffend schmal. Im Gegensatz zu dem Gewicht, das dieser Frage heute im Chor der kirchlichen Stimmen zugemessen wird, äußert sich das Evangelium über die Stellung der Armen in der Predigt Jesu nur sehr sporadisch. Es ist überraschend, zu entdecken, daß es, bei Licht besehen, kaum mehr als eine gute Handvoll von Worten Jesu zu seiner Stellung zu den Armen gibt.

I. Jesus und die Armen

These 1:

Grundlegend ist die Antwort Jesu an den Täufer in Matthäus 11,5 und parallel dazu in Lukas 7,22, wonach es zu den zeichenhaften Merkmalen des anbrechenden Gottesreichs gehört, daß »Blinde sehen, Lahme gehen . . . und Armen das Evangelium verkündigt wird«. Aber Armen und nicht etwa »den Armen«, wie irreführend in älteren Ausgaben der Lutherübersetzung einst zu lesen war! Zu den Wegzeichen der Gottesherrschaft gehört es also nicht, daß »die Blinden« sehen und »die Lahmen« gehen, die »Aussätzigen« rein werden. Es heißt nicht, daß »die Armen« zu den Adressaten und Trägern der Heilsbotschaft gemacht werden, wohl aber, daß entgegen der bis dahin geltenden Überzeugung, die das Los der Armut als so etwas wie eine Strafe Gottes wertete, auch aus diesen Armen etliche berufen werden, den schmalen Weg der wenigen zu finden (Mt 7,13 ff.): Auch Arme – aber keinesfalls »die Armen«! – können den Weg finden, der zum Leben führt.

These 2:

Genau dies ist auch in der Seligpreisung der Armen ausgesagt, wobei es im Ergebnis keinen wirklichen Unterschied macht, ob mit Matthäus 5,3 von den »geistlich Armen« oder mit Lukas 6,20 einfach von den Armen gesprochen wird. Das Neue an Jesu Botschaft ist dies: Auch aus euren Scharen der kleinen Leute und der manchmal Verachteten sind »viele berufen, aber wenige auserwählt« (Mt 20,16), teilzuhaben am kommenden Gottesreich. Daß aber die Armen einfach deshalb, weil sie arm sind, bevorzugte Empfänger des Heils seien, das steht weder hier noch sonstwo im Neuen Testament.

These 3:

Hierher gehört auch Lukas 4,18, der Predigttext Jesu in der Synagoge in Nazareth aus Jesaja 61,1. Dieses Jesuswort ist eine Bestätigung dessen, was er nach These 1 und 2 gesagt hat.

These 4:

Unterstrichen wird dies im Gleichnis vom großen Abendmahl: Lk 14, besonders Vers 23. Die anderen, die ursprünglich eingeladen waren, angesehene und wohl auch reiche Leute, wären keineswegs als solche ausgeschlossen gewesen. Das Gegenteil steht in V. 17. Neu ist, daß Jesus nun »Arme und Krüppel« einbezieht in die Schar derer, die zu seinem Reich berufen werden können.

These 5:

Eher Zurückhaltung geboten ist beim Gleichnis vom reichen Mann und armen Lazarus (Lk 16). Ohne hier in Einzelauslegung eintreten zu können, ist scharf festzuhalten, daß nichts im Gleichnis darauf hinweist, daß der Arme wegen seiner Armut in »Abrahams Schoß« und der Reiche wegen seines Reichtums in die Hölle gekommen sei. Die Absicht des Gleichnisses geht in ganz andere Richtung.

These 6:

Außer Betracht bleiben sollte der Bericht vom Scherflein der armen Witwe, Mk 12,41–44 und Lk 21,1–4, nicht nur weil kein Wort der Kritik an den Reichen, die »viel (!) einlegten«, laut wird. Diese Witwe wird wegen ihrer Opferwilligkeit gelobt, nicht aber wegen ihrer Zugehörigkeit zu den Armen und Unterprivilegierten seliggepriesen.

These 7:

Dies ist eigentlich schon alles, was zum Thema »Jesus und die Armen« gesagt werden kann. Niemand verkennt, daß es so etwas wie einen »Trend nach unten« im Evangelium gibt, besonders bei Lukas: die einfachen Hirten von Bethlehem, die trauernde Witwe von Nain, der arme Lazarus, der verkommene Sohn, der barmherzige Samariter usw. Eine Heilsbedeutung der Armut ist aber im Evangelium nirgends in Sicht.

These 8:

Auf der anderen Seite läßt sich ganz zweifelsfrei feststellen, daß Jesus sich entschieden dagegen gewehrt hat, als Anwalt der Armen, als Volkstribun der Unterdrückten mißverstanden und mißbraucht zu werden. Er hat es in der ersten Versuchung (Mt 4,3 f.) als teuflisches Ansinnen von sich gewiesen, dadurch die Massen zu gewinnen und sich mit ihnen zu solidarisieren, daß er ihnen Brot und bessere Lebensqualität bringt. Und als die Massen ihn nach der Speisung der Fünftausend zum Brotkönig machen wollten, hat er sich dem demonstrativ durch die Flucht entzogen (Joh 6,15). Er lehnt die Behebung der menschlichen

Nöte mit dem Mittel der Veränderung der Verhältnisse ab, soweit sie über einzelne wegweiserhafte Zeichen des Kommenden hinausgehen. Deshalb läßt er die Massen derer, die bei ihm die Veränderung der Verhältnisse suchen, fast brüsk stehen (Mk 1,35–38) und wendet sich seiner eigentlichen Aufgabe zu: zu predigen, nämlich von der Umkehr und dem herbeigekommenen Gottesreich.

II. Jesus und die Reichen

These 9:
Daß Jesus den Gefahren des Reichtums mahnend und warnend gegenübersteht, ist außer Zweifel. Er sieht, welch ein ernstes Hindernis auf dem Weg zur Gottesherrschaft es ist, der Götzenherrschaft des Mammon zu verfallen (Mt 6,24). Es bedarf schon der Möglichkeiten Gottes, wenn ein Mensch, der mehr als nur sein Auskommen hat, des Heiles teilhaftig wird (Mk 10,23–27; Lk 18,24–27).

These 10:
Auch dort, wo bei Menschen der gehobenen Einkommensgruppen (»Reiche«) die Saat des Wortes auf fruchtbaren Boden fällt, ist ihre Gehaltsstufe, ihr einträglicher Handwerksbetrieb, also ihr Reichtum, immer eine Gefahr vor anderen, wieder rückfällig zu werden durch den »Betrug des Reichtums« (Mt 13,22) und durch die daraus erwachsenden und auf Vorrangigkeit pochenden Werte und Pflichten (vergleiche Lk 8,14).

These 11:
Darum wird wahre Erfüllung des Lebens und wahrer Reichtum im bleibenden Sinn neu erkannt und neu gewichtet: ». . . und wes wird's sein, das du bereitet hast?« (Lk 12,20; 1,53).

These 12:

Ein Verzicht auf Geld und Kapitalbildung im asketischen Sinn steht außerhalb der Lebensbezüge Jesu (Lk 16,8 f.). Der diesbezügliche radikale Rat an den reichen Jüngling (Mk 10,21 oder Mt 19,21) hat rein nichts zu tun mit einer »Expropriation der Expropriateure«, sondern meint denselben – hier und jetzt singulären – Ruf zum Eintritt in die besondere Nachfolge Jesu wie etwa gegenüber dem Mann in Lukas 9,59 ff.

These 13:

Der Weheruf Jesu über die Reichen in Lukas 6,24 ff. unterstreicht unausweichlich die heilsbedrohende Gefahr des Verkaufs seiner Seele (Lk 12,19) an andere Götter. Zu beachten bleibt, daß diese – auch für Lukas einzige – derart radikale Stelle im Evangelium isoliert dasteht. Sie hat keine Entsprechung in den anderen drei Evangelien.

These 14:

Diese unverkennbar kritische Linie in der Verkündigung Jesu gegenüber den Reichen ist aber keineswegs eine ungebrochene Linie. Es darf nicht verdrängt werden, daß Jesus andererseits auch eine bemerkenswert unbefangene, ja positive Stellung zum Reichtum, sogar zum Luxus bekundet. So wenig von einer Heilsqualität der Armut bei ihm eine Rede sein kann, so wenig ist für ihn Teilhabe an Wohlstand und Aufwendigkeit in sich selber verdammenswert. Dies wird heute oft allzu geflissentlich ignoriert. Nicht nur der ausdrücklich als reich qualifizierte Joseph von Arimathia (Mt 27,57) nimmt einen Ehrenplatz im Evangelium ein.

These 15:

Jesus hat nicht nur Arme getröstet und aufgesucht, sondern er verkehrte auch in der Villa Simons als Gast (Mt 26,6 ff.), wobei er dort zu Tische »lag« (Joh 12,2), also auf Polsterliegen an einem ausgiebigen und solennen Symposium im großen Stil teilnahm. Er ist auch gegen alles Murren der Leute im Hause des reichen Erzoberausbeuters Zachäus als Gast gewesen und hat diesen dunklen Kapitalisten in die Gemeinschaft des Heiles und des Gottesreiches aufgenommen (Lk 19,1–10). Wobei anzumerken wäre, daß das Einkommen des Zachäus auch nach dem freiwilligen und einschneidenden Aderlaß zugunsten der Armen und Betrogenen (V. 8) sicherlich nach wie vor deutlich über Gehaltsgruppe A 16 geblieben war, ohne daß Jesus dies moniert hätte.

These 16:

Am einschneidendsten ist in diesem Zusammenhang Jesu Wort bei der Salbung in Bethanien (Mk 14 und Joh 12). Als Judas sich verständlicherweise darüber ausläßt, daß mit diesem Flacon voll sündhaft teuren Parfüms das gesamte Jahreseinkommen einer Arbeiterfamilie über Jesus ausgeschüttet worden sei und daß man den Erlös besser den Armen, der Entwicklungshilfe, hätte zukommen lassen sollen, entgegnet Jesus geradezu unwirsch: »Arme habt ihr allezeit bei euch«, da könnt ihr immer noch was tun; aber in dieser Stunde ist bei mir auch dieser unerhörte Luxus eine angemessene Geste!

These 17:

Nicht vergessen werden darf der »ungenähte Rock« Jesu (Joh 19,23 f.). Offenkundig handelte es sich hier um ein Modellkleidungsstück von exzeptionellem Wert, um eine Rarität. Jesus scheute sich nicht, tadellos – wir würden sagen: im maßgeschneiderten Hemd und Zweireiher – gekleidet zu gehen, auch wenn er dabei ein fast ständiges Wanderleben führte (Lk 9,58). Von einem grundsätzlichen Nein Jesu zur Welt des Reichtums, ja in gewissem Maße sogar des Luxus, kann bei Jesus sowenig die Rede sein wie bei Paulus (Phil 4,12), für den der Feudalpatron Philemon genauso ein Bruder in Christus ist wie dessen Sklave Onesimus, der inzwischen auch Christ, aber deswegen keineswegs ein aus der Sklaverei Freigelassener geworden war.

III. Zusammenfassung

These 18:

Jesus ist dazu gekommen, »zu suchen und selig zu machen, was verloren ist« (Lk 19,10). Keine menschliche Kategorie ist als solche dazu prädestiniert, dieses Heils vorrangig teilhaftig zu werden, auch nicht die der Armen, der Unterdrückten, der Behinderten, der Unterprivilegierten. Jesus hat sich mit keiner Gruppe und Klasse solidarisiert. Er ist nicht für die Armen oder für die Reichen, nicht für die Unter- oder für die Oberschicht irgendeiner Gesellschaftsordnung, sondern er ist für die Sünder gekommen. Er ist gekommen, daß er der sei, der »mich verlorenen und verdammten Menschen errettet hat, erworben und gewonnen von allen Sünden, vom Tod und von der Gewalt des Teufels«. Sie sind aber »allzumal Sünder«, die Reichen und die Armen, die Unterdrückten und die Unterdrücker, die Rassisten und die Antirassisten. Vor ihm sind alle gleichermaßen arme Sünder.

These 19:

Es kommt für beide darauf an, und nur darauf: »von neuem geboren zu werden« (Joh 3,3) – sowohl für den begüterten und prominenten Nikodemus (Joh 3) als auch für die heruntergekommene und zwielichtige samaritanische Frau (Joh 4). Es kommt darauf an, daß beide, der reiche Nikodemus und die arme Samaritanerin, dahin kommen, daß sie sagen: »Herr, gib mir solches Wasser!«, also von dem Wasser, »das in das ewige Leben quillt« (Joh 4,13–15). Jesus gibt das Wasser des Lebens gerade nicht bloß den einen oder bloß den anderen. Man kann Johannes 3 und Johannes 4 nicht trennen. Jesus nimmt die Sünder an, ohne Rücksicht auf die Höhe ihrer Lohn- oder Einkommensteuer.

Staatsmacht und Widerstand – Was sagt die Bibel zur Gewaltanwendung?

10 biblische Thesen zur Frage des Staates und der Gewaltausübung

Um den Begriff der Gewalt ist offensichtlich eine totale Verwirrung entstanden. Zur Illustration zunächst einige Sätze aus einem an mich gerichteten Brief:

»Ist es etwa Gewalt, wenn Demonstranten in Gorleben den Bauplatz besetzen oder in Brokdorf die Baustellenzufahrt blockieren und sich von Polizisten wegtragen und mit Schlagstöcken und Wasserwerfern behandeln lassen? Oder ist es nicht vielmehr Gewalt, nachfolgende Generationen über Jahrtausende hinweg mit Atommüll zu belasten? Ist es nicht Gewalt . . . in Mitteleuropa neue Atomwaffen aufzustellen? Ist es nicht Gewalt, jährlich ungefähr eine Billion Mark für die Rüstung auszugeben, wenn gleichzeitig ein Bruchteil davon ausreichen würde, um den Welthunger zu beseitigen?«

Es ist heute die Rede von gewaltloser Gewalt (!), oder vom christlichen Recht auf Widerstand gegen den Staat. Da werden Martin Luther King, die Geschwister Scholl oder der ermordete salvadorianische Erzbischof Oscar Arnulfo Romero unterschiedslos als Kronzeugen dafür angeführt, daß man heute doch nicht mehr mit Römer 13 und den biblischen Leitlinien zum christlichen Verständnis des Staates, der Staatsgewalt und des revolutionären Widerstandes kommen könne, gerade als ob das ein neuer christlicher common sense, ein selbstverständlich von jedermann anzuerkennender Standpunkt sein müsse.

Was sagt die Bibel nun wirklich? Hier besteht bei der Suche nach einer biblischen Antwort insofern eine Schwierigkeit, als das Wort »Gewalt« nicht wie bei anderen Hauptworten der Bibel, beispielsweise Gerechtigkeit oder Friede oder Versöhnung, durchweg einfach aus der Konkordanz erhoben und dann dementsprechend Bibelstelle für Bibelstelle untersucht werden kann. Im Alten Testament hat das Wort Gewalt allerdings weithin die uns geläufige Bedeutung von Gewalt als »Einsatz von Machtmitteln gegen jeden Widerstand zur Durchsetzung wichtiger Ziele – wenn es sein muß, mit allen (!) Mitteln« (W.

Holzapfel). Man denke etwa an 1. Samuel 2,16; Hiob 35,9; Psalm 146,7; Jesaja 9,2; Habakuk 1,3 usw. Im Neuen Testament wird dieser Ausdruck darüber hinaus auch im Sinn von überirdischen, dämonischen oder auch ideologischen Geistes- und anderen Mächten gebraucht: Lukas 9,1; Apostelgeschichte 4,7; 26,18; Epheser 1,21; Offenbarung 1,6 usw. Es genügt also nicht, die Bibelstellen zu prüfen, in denen das Stichwort »Gewalt« vorkommt. Vielmehr muß die ganze Breite der biblischen Aussagen ins Auge gefaßt werden, in denen von Gewalt und Gewaltausübung der Sache nach auch dann die Rede ist, wenn das Wort als solches dort nicht zu finden ist.

Dieser Frage wollen die folgenden Thesen nachgehen, die sich um eine in der Sache möglichst vollständige Zusammenstellung der biblischen Befunde zum Thema Gewalt bemühen. Wer die hier aufgeführten biblischen Sachverhalte kritisch in Frage stellen will, müßte dies mit ausschließlich biblischen Argumenten tun.

I. Jesus und die Gewalt

These 1:

Die klassische Bibelstelle für das Verhältnis der Jünger und der Kirche Jesu Christi zur staatlichen Gewalt und zum gewaltsamen Widerstand gegen die Staatsgewalt ist der Bericht der vier Evangelisten von der Verhaftung Jesu in Gethsemane »mit Schwertern und Stangen«: Matthäus 26,47–55; Markus 14,43–50; Lukas 22,47–53; Johannes 18,3–12. Im Einklang mit dem gesamten Zeugnis der Heiligen Schrift bejaht Jesus durch seine Unterwerfung das Recht des Staates zur Ausübung von polizeilicher und richterlicher Gewalt. Zugleich verneint er genauso unzweideutig die Frage der Jünger, der Kirche, ob sie im äußersten Fall nach Erschöpfung aller anderer Mittel »mit dem Schwert dreinschlagen sollen« (Lk 22,49). Eine Gegengewalt ist der Gemeinde Jesu durch das Wort ihres Herrn verboten. Jesu Antwort auf die ihm angetane Unrechtsgewalt ist nicht der Widerstand, am wenigsten der mit Gewalt, sondern die Passion, das Erdulden bis zum Tod!

These 2:

Im selben Sinn bejaht die Bibel die Handhabung von Gewalt durch die staatliche Obrigkeit durchweg im Alten wie im Neuen Testament. Sie glorifiziert diese nicht, sie weiß um ihre Härte, aber sie respektiert sie als eine Ordnung Gottes (vergl. These 3). Die »Obrigkeit und Gewalt des Landpflegers« (Lk 20,20) wird nicht in Frage gestellt, so wenig wie die Tatsache, daß irdische Könige und Machthaber Gewalt haben: Matthäus 20,25–28 Markus 10,42–45.

II. Der Staat als Mandatsträger Gottes

These 3:

Der biblische Glaube bezeugt mit dieser Tatsache eine von Gott gesetzte Notordnung gegen die sonst hemmungslos überhandnehmende Sünde des Menschen. Die Kompetenz des Staates umfaßt auch die Anwendung von Gewalt und ist Gottes Damm gegen die sonst überbordende Unordnung der Welt. Darauf zielen auch die verschlüsselten Worte im 2. Thessalonicherbrief, Kap. 2,6 f. (»der es jetzt aufhält«). Die Heilige Schrift sieht den Staat also weder als Domäne der Herrschernaturen noch als einen Sozialvertrag der Staatsbürger untereinander, sondern als eine Notordnung Gottes für die begrenzte Dauer dieser Weltzeit. Darum sind die Christen gerufen, »den Fürsten und der Obrigkeit untertan und gehorsam zu sein« (Tit 3,1) – und zwar ausdrücklich »um des Herrn willen« (1 Petr 2,13). Um die bekannten und grundlegenden Ausführungen in Römer 13,1–7, wonach es keine Obrigkeit, keine Staatsautorität gibt »ohne von Gott«, ist ohnehin um keinen Preis und mit keiner Deutung oder Umdeutung herzukommen – zumal diese Sätze im Blick auf einen römischen Staat gesagt waren, der damals durch ein Ungeheuer wie Nero repräsentiert wurde.

These 4:

Nach der Heiligen Schrift ist der Staat also ein Beauftragter, juristisch gesprochen: ein Mandatsträger Gottes. Als solcher nimmt er in abgeleiteter Form auch Rechte wahr, die nach biblischem Glauben nur Gott zukommen. Nur den beiden irdischen Mandatsträgern Gottes, nämlich Vater und Mutter einerseits und der staatlichen Obrigkeit andererseits, kommt im Neuen Testament die sonst nur Gott vorbehaltene Prädikation »ehren« zu: Epheser 6,2 und 1. Petrus 2,17. Der Staat hat ein Sondermandat von Gott.

These 5:

Im Rahmen dieser Sondervollmacht hat die staatliche Obrigkeit auch den Auftrag zur Wahrnehmung bestimmter »Unrechtsrechte«. Richtiger ausgedrückt: Sie nimmt in abgeleiteter Form Kompetenzen wahr, die ausschließlich Gott zukommen und die auszuüben dem Menschen durch Gottes Gebot sonst ausdrücklich untersagt sind. Er ist nach Römer 13,6.7 oder Matthäus 22,15–21 ausdrücklich befugt, gegen das siebte Gebot (!) anderen Leuten Geld und Gut wegzunehmen – auf dem Steuerweg also. Er hat das Recht zur Freiheitsberaubung: Strafhaft und auch unsere Schulpflicht (!). Er hat auch das Recht zur Gewaltanwendung bis hin zur Todesstrafe, die er nicht nur nach Römer 13,4 ausüben kann (wenn auch nach der Bibel nicht ausüben *muß*). Dies geht, ohne daß die Bibel dem irgendwo widersprechen würde, bis hin zum Recht des Staates auf eine bewaffnete Macht und zur Kriegführung, nicht etwa nur nach Offenbarung 6,4. Der Staat allein hat das von der Bibel bezeugte Recht auf Gewaltanwendung, ein Recht, das nach Gottes Gebot sowohl dem einzelnen als auch der Gesellschaft durchaus verwehrt ist.

III. Gewaltmonopol des Staates und gewaltsamer Widerstand

These 6:

Nach der Bibel kommt also dem Staat ein Gewaltmonopol zu. Von einem Recht auf Gegengewalt durch einzelne oder durch Widerstandsgruppen (»Befreiungsbewegungen«) kann für den christlichen Glauben keine Rede sein. Er kennt darum auch keine »Primärgewalt« des Staates, der dann je nachdem eine »Sekundärgewalt« des Widerstands legitim entgegengesetzt werden dürfte. Der biblische Glaube kennt kein Recht auf Gegengewalt und also auch keine »Theologie der Revolution«.

These 7:

Waffenlose Besetzung von Häusern, Grundstücken, Kirchen, technischen oder militärischen Anlagen, in der Regel durch den der Gewalt gleichzusetzenden Wirkungsgrad zahlenmäßig erheblicher Menschenmassen, wird heute weitgehend als gewaltlose Gewaltanwendung (!) ausgegeben. Das ist kaum mehr als ein ideologischer Taschenspielertrick, für den im Wahrheitsverständnis der Kirche kein Platz sein darf. Besetzung eines Hauses oder Grundstücks ist als solche dann Gewalt, wenn dies gegen den Willen des rechtmäßigen Eigentümers geschieht. Gewalt fängt nicht bei Eisenstangen und Schußwaffen an, sondern damit, daß ich das Eigentum eines anderen gegen dessen Willen betrete. Damit wird der Friede des Hauses, des Grundstücks, des Landes gebrochen und also Gewalt ausgeübt.

IV. Nicht Widerstand, sondern Leiden und Gebet

These 8:

Ein christliches Recht auf gewaltsamen Widerstand gegen den Staat gibt es nicht. Es beginnt auch nicht dort, wo – angeblich – alle anderen, also alle friedlichen und gewaltlosen Mittel gegen staatliche Maßnahmen erschöpft sind. Das gilt auch für die Unterdrückung und Verfolgung christlicher Kirchen, für Enteignungsmaßnahmen, antireligiöse oder rassistische Politik und so fort. Denn dagegen steht Jesu fundamentales Wort in der Bergpredigt, daß seine Nachfolger dem Unrecht keinen Widerstand entgegensetzen sollen, Matthäus 5,39: ». . . daß ihr nicht widerstreben sollt dem Übel.« Und wenn sie euch die Kleider vom Leibe reißen, so gilt dennoch die Konsequenz Jesu: ». . . dem laß auch den Mantel!« (Bergpredigt – Mt 5,40). Der Weg der Kirche gegenüber dem Unrecht und der Unterdrückung durch die Welt, auch durch den Staat, ist der Weg Jesu, also der Weg der Passion, des Erduldens, des Leidens. Diesen Weg des Erleidens hat das Volk Gottes immer wieder beschreiten müssen: Israel in Ägypten oder im babylonischen Exil – vgl. z. B. auch Daniel 3, besonders V. 16–20 und im Neuen Testament vor allem Matthäus 10,16–25; Lukas 21,16.17; 1. Petrus 2,18–21 und 4,12–16; Philipper 1,27–29; besonders noch das Kapitel 11 im Hebräerbrief und neben sehr vielen ähnlichen Belegstellen noch die fast formelhafte Aussage in der Offenbarung des Johannes über diejenigen, die widerstandslos (!) ihren christlichen Glauben im Leiden besiegeln: »Hier ist Geduld und Glaube der Heiligen« (Offb 13,10 und 14,12).

These 9:

Die eine legitime Waffe des Christen und der Kirche ist auch dort, wo es um Unterdrückung, Unrecht und Leiden geht, das Gebet: Jeremia 29,7, wo den Unterdrückten die Fürbitte für den blutigen Despotenstaat des Nebukadnezar anbefohlen wird; oder etwa 1. Timotheus 2,1 und 2, wo der Auftrag zur Fürbitte für den römischen Kaiser und seine Statthalter auf dem Hintergrund der gerade für Christen gefährlichen und oft genug tödlichen Cäsarenwillkür Neros und seiner Nachfolger zu sehen ist.

These 10:

Ein Recht auf Gewalt gegen das biblische Gewaltmonopol des Staates wird der Christ gerade dann nicht geltend machen wollen, wenn er davon spricht, daß seine oder anderer Menschen Leiden durch staatliches Unrecht »unerträglich« geworden seien. Jesus hat gegen die wahrhaftig »unerträglichen« Torturen vor und bei der Kreuzigung gerade nicht zum letzten Mittel der Gegengewalt in Gestalt der »Befreiungsarmee« jener »zwölf Legionen Engel« (Mt 26,53) gegriffen, sondern davon durchaus und konsequent abgesehen. Statt dessen hat er das Leiden bis zum bittersten Ende übernommen. So schwer – und für uns in der Freiheit, die uns unser Staat garantiert, manchmal unvorstellbar schwer – das Leiden unterdrückter Christen sein kann, so wenig kennt der Christ die Vokabel »unerträglich«! So unbestritten es ist, daß auch Christen unter der Last ihres Leidenmüssens zerbrechen können, sosehr sehen Christen den Ausweg nicht im Aufstand, in der Gegengewalt, sondern auch für sich selbst immer neu im Gebet um Kraft im Leiden (1 Kor 10,13).

Sollen Christen in der Welt Versöhnung stiften?

13 biblische Thesen zum Begriff »Versöhnung«

»Die Verkündigung des Evangeliums von der Versöhnung ermutigt und stärkt die Suche nach Wegen des Friedens unter den Menschen.« So steht es in der Einleitung zur Denkschrift der EKD »Frieden wahren, fördern und erneuern« vom November 1981. Ist »Versöhnung« in der Bibel so gemeint, daß sie auch in der Versöhnung von Menschen untereinander, ja noch mehr: in politischer Versöhnung von Nationen und Machtblöcken besteht, mindestens aber sich auch dort auswirkt? Gibt es in diesem Sinn ein »Evangelium von der Versöhnung«? Oder liegt hier eine jener nicht immer stichhaltigen und manchmal schlicht irrigen Gleichsetzungen von durchaus verschiedenen Inhalten vor, deren Unterschiedlichkeit durch die gleiche Vokabel der deutschen Sprache eher verdeckt als sichtbar gemacht wird? Gehört auch der Begriff Versöhnung zu jenen mehrdeutigen Worten, von denen Prof. Gerhard Ebeling bei der EKD-Synode im November 1981 in Fellbach – dort unter Bezug auf den Begriff Freiheit und Befreiung – gesagt hat: »Verdunkeln jedoch Befreiungsparolen und -aktionen das biblische Freiheitsverständnis, so muß wider den Gleichlaut der Vokabel der Gegensatz (!) der Bedeutung klargestellt werden«?

Wir versuchen deshalb, die biblische Antwort auf die Frage, was Gottes Wort und was demnach die christliche Kirche unter Versöhnung versteht, in Thesenform darzustellen.

I. Versöhnung im Alten Testament

These 1:

Versöhnen bedeutet im Alten Testament, vorab in den Gesetzestexten der Mosebücher, den Versuch und die Aufgabe des Menschen, Gott zu begütigen und Gottes Zorn abzuwenden und in Gnade umzuwandeln. Das Mittel dieses Bemühens ist das Blut des Opfertiers, auf das die Unheilswirkung des

Bösen abgeleitet wird und das nun stellvertretend für den Menschen stirbt. Hierher gehören Stellen wie 2. Mose 30,10; 3. Mose 9,7; besonders 3. Mose 17,11: »Denn das Blut ist die Versöhnung«; 4. Mose 17,11; ebenso 1. Chronik 6,34 oder Hesekiel 45,15 und andere.

These 2:

Der Höhepunkt des Versöhnungsgedankens in Israel stellt der alljährliche Versöhnungstag dar, Israels berühmter »Yom Kippur«, an dem auf einen Widder, einen Bock, die Sündenlast Israels vom Hohenpriester in feierlicher Kulthandlung aufgeladen wird, ehe er – der Vorgang stammt demnach aus der Zeit der Wüstenwanderung des Volkes – aus dem Lager Israels in die Wüste getrieben wird, wo er an der Stelle des schuldigen Gottesvolks als »Sündenbock« den Tod erleidet. Israel aber wird dadurch freigesprochen von der eigenen Schuld. Versöhnung ist also schon im Alten Testament kein Strafakt, sondern ein Heilsgeschehen: »Siehe, das ist Gottes Sündenbock, welcher Israels Sünde trägt« – vergleiche dazu Johannes 1,29: »Siehe, das ist Gottes Lamm!« Die wichtigsten Stellen im Alten Testament: 2. Mose 30,10 (siehe oben); 3. Mose 16,30 und 23,27.

These 3:

Das Alte Testament kennt auch eine Versöhnung mit Gott, die durch die Umkehr, die bußfertige Sinnesänderung des Menschen, erreicht oder zumindest erstrebt wird. Hierher gehören 2. Samuel 21,4 und 24,25 (jeweils nach dem Luthertext 1912/1935!); ebenso Micha 6,6; auch Daniel 9,24 und Jesaja 6,7, obwohl bei der letzten Stelle, der Heiligung der unreinen Lippen des Propheten, die Versöhnungswirkung von Gott, nicht vom Menschen veranlaßt wird. Auf alle Fälle aber ist Versöhnung immer eine Sache, die das Verhältnis des Menschen zu Gott impliziert. Versöhnung hat es immer mit Gott zu tun (vgl. dazu noch Hiob 33,24 oder Ps 49,8 – alle Stellen nach dem Luthertext 1912/1935. Die späteren Revisionen haben die Sache der Versöhnung im Wortsinn verwässert).

These 4:

Eine Besonderheit stellen einige Sätze aus dem Buch der Sprüche dar, einem Buch, das freilich niemand über »Mose und die Propheten« stellen wird. Hier wird gelegentlich eine Aussöhnung unter zerstrittenen Mitmenschen oder mit einem zürnenden Fürsten erwähnt: Sprüche 6,35; 16,6.14; 25,15.

These 5:

Nirgends im Alten Testament ist von Versöhnung unter Völkern oder Machthabern oder Gesellschaftssystemen die Rede. Noch weniger würde es irgendwo als Aufgabe Israels bezeichnet, Versöhnung im Sinn politischer Aussöhnung etwa unter Babylon und Assyrien oder unter benachbarten Völkern stiften zu sollen. Ein solcher Gedanke kommt in der Heiligen Schrift beim Begriff Versöhnung schon im Alten Testament nirgends ins Visier.

II. Versöhnung im Neuen Testament

These 6:

Versöhnung von Menschen untereinander kommt im Neuen Testament nur an einer einzigen Stelle vor – und dort mit einem griechischen Wort (diallássein), das in dieser Form nur an dieser einen Stelle im Neuen Testament zu finden ist: in der Mahnung Jesu an seine Jünger, sich mit einem christlichen Mitbruder *vor* dem (gemeinsamen?) Gang zum Altar auszusöhnen, wenn dieser »etwas wider dich hat« (Mt 5,24). Vergleichbar ist hier höchstens noch 1. Korinther 7,11.

These 7:

Versöhnung bedeutet im übrigen im Neuen Testament ausnahmslos soviel wie »mit Gott versöhnt sein«. Versöhnung ist immer Versöhnung mit Gott. Bemerkenswert ist dabei, daß es nur Paulus ist, der diesen Begriff gebraucht. Im Munde Jesu und überhaupt in den Evangelien erscheint das Wort Versöhnung überhaupt nicht. In den Paulusbriefen ist hier vor allen anderen Stellen das zentrale Kapitel 5 im

2. Korintherbrief maßgeblich, vorab die Verse 18–20: »Lasset euch versöhnen mit Gott!« Ferner: Römer 5,10 f.; Epheser 2,16; Kolosser 1,20.22.

These 8:

Nur Gott versöhnt, nicht der Mensch. Der Mensch stiftet auch keine Versöhnung; der Mensch wird versöhnt. Das Verbum »versöhnen« (katallássein) kommt in der Aktiv-Form nur in bezug auf Gott vor; in Beziehung auf den Menschen wird es stets in der passiven Form gebraucht, und zwar immer in der geradezu feierlichen Sprache eines Glaubensbekenntnisses: Römer 5,10; 2. Korinther 5,19 f.

These 9:

Der Stamm des griechischen Wortes katallássein, zu deutsch also: versöhnen, ist das Wort allos, deutsch: ein anderer. Die Grundbedeutung dieses Wortes versöhnen ist soviel wie eintauschen, denn »da tritt ein anderer für mich ein«, nämlich er, Jesus Christus, der mich durch seinen Tod heraustauscht aus dem ewigen Gericht, dem Tod und der Hölle. Auch vom Wortsinn her ist versöhnen also ausschließlich eine Tat Gottes. Versöhnung im Sinne der Bibel ist keine Aufgabe und keine Möglichkeit des Menschen oder der Kirche. Versöhnung ist immer und ausschließlich der große Tausch des »anderen« mit mir. Ohne die Mittlerfunktion des anderen, also ohne den gekreuzigten Christus, gibt es keine Versöhnung. Eine christusfreie Versöhnung, die nicht in allem am Werk Christi hängt, ist ein biblisches, also ein christliches Unding.

These 10:

Versöhnung ist deshalb mehr als Aufhebung oder Annullierung vergangener Schuld. Versöhnung, wie sie Gott an uns bewirkt, ist die Neuschöpfung des alten Menschen; sie ist ein anderer Ausdruck für die »neue Kreatur« (2 Kor 5,17), die Neuschaffung des mit Gott versöhnten Sünders.

These 11:

Die wenigen Bibelstellen, an denen außerhalb der paulinischen Schriften das Wort Versöhnung erscheint (1 Joh 2,2 und 4,10; Hebr 2,17), bestätigen das in These 7 bis 10 gewonnene Verständnis dieses Begriffs, auch wenn in der Hebräerstelle der kultische Hintergrund des Alten Testaments hinter der allgemeinen neutestamentlichen Sinnerfüllung mit Recht erkennbar wird. Doch auch hier ist Gott der Handelnde, nie der Mensch.

These 12:

Ein Ausblick auf die Versöhnung der Welt, wie er in Römer 11,15 angedeutet ist, zielt auf ein noch ausstehendes, auf ein kommendes, nicht auf ein gegenwärtiges Handeln Gottes mit dieser Welt.

These 13:

Nirgends im Neuen Testament – und dies ist dann dasselbe Ergebnis wie bei den alttestamentlichen Schriftstellen über die Versöhnung – findet sich auch nur die Spur einer Versöhnung in weltlichem Sinn. Nirgends steht, daß es Aufgabe der Christen oder der Kirche wäre, eine andere Versöhnung zu predigen als allein die Versöhnung mit Gott durch Jesus Christus. Für eine Aufgabe der Christenheit, in dieser Welt an irdischen, politischen Versöhnungsaktionen nationaler und internationaler Art mitzuwirken, kann man die Bibel nicht heranziehen. Dort findet sich kein einziger derartiger Hinweis. Wobei man auf die polemische und nicht sehr geistvolle Gegenfrage, ob dann die Kirche etwa für die Unversöhnlichkeit oder gar für kriegerische Auseinandersetzungen eintreten solle oder wolle, kein Wort zu verschwenden braucht.

Welche »geringsten Brüder« denn?

16 biblische Thesen zur Klärung des Begriffs »Bruder«

»Alle Menschen werden Brüder«, das stammt zwar von Schiller, und das braust durch den Schluß von Beethovens Neunter, aber Jesus hat so etwas nie gesagt, und in der Heiligen Schrift steht das nirgends.

Oder doch? Meint Jesus in seiner Rede vom Weltgericht in Matthäus 25 nicht genau dies, daß alle Menschen Brüder seien und daß das Verhalten gegenüber den Brüdern, gerade auch gegenüber den geringsten »Brüdern«, sogar der Maßstab sei, nach welchem er seine Nachfolger im Endgericht messen werde? »Was ihr getan habt einem unter diesen meinen geringsten Brüdern, das habt ihr mir getan« (Mt 25,40).

Sind für die Bibel alle Menschen Brüder? Und gibt es Unterschiede allenfalls insoweit, als die Unterprivilegierten unter ihnen, die Unterdrückten, die Unfreien für Jesu Urteil besonders herausgehoben sind? Was sagt die Bibel dazu wirklich?

Eine Auswertung der durch die Konkordanz ausgewiesenen Bibelstellen, in denen der Begriff »Bruder« vorkommt, ergibt – in Thesenkurzform gerafft – folgende Linien:

I. Der Begriff Bruder im Alten Testament

These 1:

Selbstverständlich begegnet uns der Begriff schon im Alten Testament zunächst im Sinne der leiblichen Bruderschaft: »Wo ist dein Bruder Abel?« (1 Mose 4,9) oder besonders eindringlich in den Geschichten von Joseph und seinen Brüdern (1 Mose 37,27; 43,21 und 30; 45,1) – oder bei David in 1. Samuel 16,13. Die gleiche Bedeutung liegt bei den vielzitierten Brüdern vor, die »einträchtig beieinander wohnen« (Ps 133,1) oder in Stellen wie Jeremia 9,3; 22,18 und Sprüche 6,19. Bei all diesen Stellen ist ausschließlich der leibliche Bruder im Blick, niemand sonst. Den »Bruder Abel« zum Beispiel mit herkömmlichem Pathos zum »Bruder Jedermann« zu machen, dem jeder jede Fürsorge schuldig sei, ist keine Auslegung des biblischen Textes mehr, sondern typische »Hineinlegung«.

These 2:

Die auch in Israel überlieferte Sitte, mit einem engen Freund »Blutsbrüderschaft« zu schließen, bestätigt eben diesen Grundbegriff des Bruderseins: die blutmäßige Zusammengehörigkeit von Brüdern. Was nicht von Natur aus vorgegeben war, muß durch einen feierlichen Blutritus nachvollzogen werden; sonst sind die beiden eben gerade keine Brüder wie David und Jonathan (2 Sam 1,26). Der Mitmensch, der Volksgenosse, der Genosse, der Nächste, der Freund ist noch lange kein Bruder. – Möglicherweise ist aber Psalm 35,14 in diesem Sinne zu verstehen, vielleicht auch Sprüche 18,19.

These 3:

Eine eigenständige Begriffsbildung von »Bruder« zeigt das 3. Buch Mose. Hier erscheint das Wort mehrfach im Sinn von »Nächster in Israel« – wohlgemerkt nicht im Sinn von Nächster ohne Grenzen! Diese Bruder-Qualität ist begrenzt auf die Zugehörigkeit zum erwählten Gottesvolk: 3. Mose 19,17; 25,14; 25,25 usw.

These 4:

Noch präziser erscheint der Bruderbegriff im Sinne von »Bruder im Gottesvolk« im 5. Buch Mose. Die Zugehörigkeit zur erwählten Gottesgemeinde konstituiert und statuiert die Qualität des Bruders und der Bruderschaft. Die klassische Stelle ist die Verheißung Gottes an Mose: »Ich will ihnen einen Propheten, wie du bist, erwecken aus ihren Brüdern« (5 Mose 18,18; im selben Sinne: 15,7 oder 22,1–3). In der gleichen Bedeutung erscheint der Bruderbegriff in 2. Mose 2,11 oder besonders in Psalm 22,23, wo die »Gemeinde« als Ort der Bruderschaft festgehalten ist. Im gleichen Sinne auch Jesaja 66,20; Jeremia 31,34 oder Sacharja 7,9 f.

These 5:

Nirgendwo im Alten Testament (der Wortlaut von 1. Mose 9,5 wird uneinheitlich übersetzt; diese Stelle könnte aber keinesfalls gegen das ganze übrige AT stehen) wird der Begriff »Bruder« im Sinn von »alles, was Menschenantlitz trägt«, gebraucht oder auch nur als Austauschbegriff für den Nächsten, an den sich jeder durch Gottes Wort gewiesen sieht. Die Bruderbezeichnung gibt es im Alten Testament nur in dem in These 1 bis 4 umgrenzten Sinn. Eine human-ideologische Ausweitung des Bruderbegriffs ist der Heiligen Schrift schon im Alten Testament fremd.

II. Der Begriff Bruder im Neuen Testament

These 6:

Daß auch das Neue Testament den Bruderbegriff im familiären Sinne kennt, bedarf kaum einer Erwähnung. So ist etwa von den leiblichen Brüdern Jesu in Matthäus 12,46–49 die Rede, und zwar in der für das Neue Testament kennzeichnenden Unterscheidung von geistlichen Brüdern (dazu These 7 und 9). Ebenso gehören hierher: Matthäus 13,55; Johannes 7,5; Apostelgeschichte 1,14; Lukas 12,13; 14,26; 15,32; 16,28.

These 7:

Ausgangspunkt für die spezifisch neutestamentliche Füllung des Bruderbegriffs im geistlichen Sinn sind die Worte, in denen Jesus der Bruder seiner Jünger und Nachfolger genannt wird, die er damit zu seinen Brüdern und dadurch – aber auch nur dadurch – zu Brüdern untereinander macht. »Darum schämt er sich auch nicht, sie Brüder zu heißen« (Hebr 2,11 und 17; hierher gehören auch Mt 28,10 und Joh 20,17). Brüder im speziellen Sinn des Neuen Testaments sind durchgehend und ausschließlich (!) die Jünger Jesu untereinander, die Gläubigen in der Gemeinde Jesu – weil Jesus ihr Bruder geworden ist.

These 8:

Römer 9,3 (»Meinen Brüdern zugut, die meine Stammverwandten sind nach dem Fleisch«) kann deshalb nicht als

Gegenargument, also als Beleg für den Bruderbegriff im Sinn von nationaler oder sozialer oder sonstiger humaner Bruderschaft herangezogen werden, weil diese Israel-Bruderschaft – vgl. dazu These 4 – streng und exklusiv bezogen ist auf die Zugehörigkeit zur Gottesgemeinde des Alten Bundes und keinesfalls auf andere Völker oder auf sonstige irdische Gemeinschaften übertragen werden kann.

These 9:

In den synoptischen Evangelien wird nach Ausklammerung der in These 6 umschriebenen Stellen der Bruderbegriff ausschließlich im Sinn des »Adoptivbruders« des Menschensohns, des Bruders Jesu und von daher des christlichen Mitbruders gebraucht. Dazu gehören vorab die entsprechenden Worte aus der Bergpredigt, bei der immer und konsequent im Auge behalten werden muß, daß sie eine Rede Jesu an seine Jünger ist. Als solche spricht sie die Beziehungen der Jünger untereinander, der Christen in der christlichen Gemeinde an. *Sie* sind mit den »Brüdern« etwa in Matthäus 5,22 und 24; 5,47; 7,3 gemeint. Besonders abzuheben ist hier noch einmal auf Matthäus 12,50 (vgl. These 6) und von da aus auf Matthäus 18,15; 21,35; 23,8, besonders aber auch auf 25,40 (vgl. dazu These 12). Des weiteren Lukas 17,3; 22,32 und sinngemäß auch Apostelgeschichte 9,17: »Lieber Bruder Saul . . .«

These 10:

Bei Paulus ist ohne Ausnahme derselbe eindeutige Sprachgebrauch des Neuen Testaments festzustellen: Bruder ist Bruder in Christus und sonst niemand. »Ihr sollt nicht mit einem zu schaffen haben, der sich läßt einen Bruder nennen und ist ein Unzüchtiger oder ein Geiziger oder ein Götzendiener . . .« (1 Kor 5,11). In diesem Sinne wird der Begriff auch Römer 14,10 verwandt oder 1. Korinther 15,6; 2. Korinther 11,26 (»falsche Brüder«, vgl. Gal 2,4); dann Galater 6,18; Philipper 4,1; 1. Thessalonicher 4,6; 2. Thessalonicher 3,15 usf.

These 11:

Die übrigen neutestamentlichen Schriften bestätigen, soweit sie den Bruderbegriff verwenden, daß es keine Ausnahme von der Regel gibt: Bruder ist »Bruder in Christo« oder es ist eben kein Bruder, sondern – und das ist keineswegs dasselbe!– er ist ein Nächster. *Der Nächste ist jeder; Bruder ist nur der Bruder im Glauben und in der Gemeinschaft der Gläubigen.* Diesen dezidiert neutestamentliche Gebrauch des Begriffes »Bruder« zeigen z. B. auch 1. Petrus 2,17; 3,3; 1. Johannes 2,9 und weitere Stellen im 1. Johannesbrief; Hebräer 13,1; Offenbarung 1,9; 6,11 usf. In 2. Petrus 1,7 wird dabei die brüderliche Liebe und die allgemeine Liebe zu allen Menschen betont unterschieden.

These 12:

Folgerichtig ist dieser lückenlos nachgewiesene Sinn des Wortes »Bruder« auch auf die vielzitierte Stelle von Jesu »geringsten Brüdern« in Matthäus 25,40 strikt anzuwenden. Es ist exegetisch ein Ding der Unmöglichkeit, hier an einer einzigen Stelle im Neuen Testament den Begriff »Bruder« plötzlich im Inhalt zu verändern und ihn auf jeden Menschen, hier vorab auf hilfsbedürftige Mitmenschen jeglicher Observanz, anzuwenden. Schon die exegetische Korrektheit würde es verbieten, einem durchgehend feststehenden Sinn eines Begriffs an einer einzigen Stelle willkürlich einen anderen Sinn nur deshalb zu unterlegen, weil man sich inzwischen allgemein daran gewöhnt hat. Diese humanideologisch motivierte Fehldeutung redet – meist mit etlichem deklamatorischem Pathos – von Jesu »geringsten Brüdern« plötzlich schon dann, wenn ein Mensch arm, hungrig, krank oder gefangen ist. Wobei über die christliche Selbstverständlichkeit, an allen Notleidenden, ohne Ansehen der Person, diakonisch zu handeln, kein Wort zu verlieren ist. Aber an dieser Stelle geht es nicht um die biblische Klärung des Begriffs »Diakonie«, sondern um die des Begriffs »Bruder«.

These 13:

Die Bedeutung des Bruderbegriffs, auch in Matthäus 25,40, im Sinne von »Brüder in Christo«, also der Jünger des Herrn, wird auch durch den Text der Weltgerichtsrede selbst gestützt. Denn diese Rede hat gerade nicht, ausdrücklich nicht, das Gericht über die Gemeinde Jesu zum Gegenstand, sondern (Mt 25,32) ausdrücklich das Gericht über »alle Völker«, also über alle Nationen. In biblischer Sicht aber sind alle Völker ausnahmslos heidnische Völker, gojim im Alten Testament. Hier in Matthäus 25,32 wird für »Völker« dasselbe Wort gebraucht (ethnē) wie etwa Matthäus 6,32: »nach solchem allem trachten die Heiden«, die ethnē. In Matthäus 25 wird gerade nicht der Maßstab angesprochen, den der Richter des Jüngsten Tags an seine Jünger, seine Gemeinde, anlegt, sondern der Maßstab im Gericht über die Nichtchristen, die Heiden, die Nationen und ihre großen, kleinen und ganz kleinen Machthaber. *Sie* werden danach gerichtet, wie sie sich in ihren Nationen – augenfällig unterschiedlich! – gegenüber den Brüdern Jesu, den Christen, insbesondere den leidenden Christen, verhalten haben, so unterschiedlich wie etwa in England oder aber in Äthiopien, wie in den Niederlanden oder aber in den Sowjetstaaten. Danach urteilt der Herr über sie, die ethnē!

These 14:

Der theologische Widersinn, daß andernfalls ohne Frage eine Rechtfertigung »allein aus den Werken« gelehrt werden würde, kann nicht ernst genug genommen werden. Wenn der Maßstab im Gericht, den Jesus an seine Jünger, seine Brüder, (!) anlegen wird, der wäre, daß die Lossprechung im Gericht aus den guten Werken der Barmherzigkeit gewonnen wird, dann könnte man die ganze neutestamentliche (nicht nur paulinische) und die ganze reformatorisch-evangelische Lehre von der Rechtfertigung allein aus Gnaden, allein durch Jesus Christus begraben und vergessen. Hier am Bruderbegriff fallen also auch theologische Entscheidungen ersten Ranges. Aber in Matthäus 25 sind in konsequenter Anwendung des neutestamentlichen Bruderverständnisses auch in V. 40 nicht plötzlich alle Notleidenden der Welt im Blickfeld, sondern die bedrängten Christen, diese Brüder des großen Bruders mitten in den Völkern, in der meist feindseligen Welt der Nationen und der großen Herren der Welt. Wie sich die »ethnē« ihnen gegenüber verhalten haben, danach richtet sie der Weltenrichter am Jüngsten Tag.

These 15:

Nur anhangartig sei darauf hingewiesen, daß es also nach dem Neuen Testament zweierlei Maßstäbe im Endgericht gibt. Der Maßstab, den Christus an seine Gemeinde, seine »Brüder«, im Unterschied zu dem über die »Völker« anlegt, ist der des Bekenntnisses zu ihm als dem kyrios, als dem Herrn: Matthäus 10,32: »Wer mich bekennet vor den Menschen, den will ich auch bekennen vor meinem himmlischen Vater.« Nach dem einhelligen Zeugnis des Neuen Testaments ist dieses Bekennen immer ein Bekenntnis mit Worten, nie ein wortloses Bekenntnis.

These 16:

Zusammenfassung: Der Begriff »Bruder« ist im Neuen Testament analog zu seinem Gebrauch im Alten Testament – soweit man von seiner Verwendung bei leiblichen Brüdern absieht – konsequent bezogen und begrenzt auf die Gemeinde der Brüder im Herrn, auf die Bruderschaft in Jesus Christus. Eine darüber hinausreichende Prädikation anderer nahe- oder fernstehender Menschen mit dem Titel »Bruder« oder gar die aller Menschen als der großen Menschheitsbruderschaft ist mit dem biblischen Gebrauch nicht zu vereinbaren. Wer aber darauf beharren will, daß Matthäus 25,40 als der große Gegenbeweis das ganze übrige Neue Testament aus den Angeln hebe, der muß wissen, was er tut. Mit biblischer Auslegung hat das dann kaum mehr etwas zu tun. Denn *»Bruder« ist kein Attribut des Menschseins, sondern ein Titel*, ausdrücklich ein Titel in der Gemeinde Jesu Christi, dessen also, der »sich nicht schämt, sie Brüder zu heißen« (Hebr 2,11).

Das programmierbare Gewissen

18 biblische Thesen zum Begriff »Gewissen«

»Das gedenke ich allein nach meinem Gewissen zu verantworten«, heißt es nicht selten, besonders dann, wenn jemand wünscht, nach der christlichen Begründung für die Richtigkeit seines Tuns nicht weiter befragt zu werden. Und umgekehrt wird es gerade der Kirche verübelt, wenn sie auf unabdingbare Maßstäbe des Gebotes und der Ordnung Gottes hinweist, nicht nur zum Beispiel in der Frage der gegenwärtig bis in die Kirche hinein praktizierten wilden Ehen. Sie setzt sich damit dem Vorwurf aus, sie respektiere nicht die derart getroffene Gewissensentscheidung des einzelnen mündigen Christen, Vikars, Diakonen oder wer er sei.

Steht das private Gewissen in der evangelischen Kirche über dem Wort Gottes? Welche Stellung und Bedeutung kommt nach der Heiligen Schrift und also nach evangelischer Lehre dem persönlichen Gewissen zu? Relativiert das eigene Gewissen im Bedarfsfall den Gehorsam gegen Gottes Wort?

Dieser Frage wollen die folgenden Thesen nachgehen. Wie immer gehört es zum Wesen der Thesen, daß sie die Grundlage für eine ausführliche Erörterung eines Fragenkreises bilden, nicht aber diese ersetzen wollen.

I. Der merkwürdige biblische Befund

These 1:

Weder das Alte Testament noch Jesus kennen den Begriff des Gewissens. Er kommt in den alttestamentlichen Schriften und in den Evangelien nirgends vor. Im Neuen Testament erscheint der Begriff an einigen Stellen bei Paulus sowie im 1. Petrusbrief und im Hebräerbrief. Er spielt nirgends eine beherrschende Rolle.

These 2:

Für das Alte Testament gilt die Stimme, das Wort Gottes, unbedingt und absolut. Zu dem Grundsatz: »So spricht der Herr« gibt es keine Alternative: »So spricht der Mensch, so spricht mein Gewissen!« Wo Gott spricht, gibt es für den Menschen kein legitimes Abwägen, wie er sich gewissensmäßig zu diesem Gebot Gottes verhalten wolle. Micha 6,8: »Es ist dir gesagt, Mensch, was gut ist und was der Herr von dir fordert.« Das geoffenbarte Gesetz Gottes, die Thora Israels, hat kein frei entscheidendes Gewissen des Menschen als Gegenüber.

These 3:

Den Willen zum Gehorsam gegen Gottes Gebot ohne Vorbehalt nennt das Alte Testament Gerechtigkeit, ihn und nichts anderes.

II. Das Gewissen: Wissen nach Maß

These 4:

Der Begriff Gewissen bedeutet beides: Gemeinschaft des Wissens und Willens mit dem Willen Gottes – und: die Summe des Wissens, also des Erlernten, des »Eingeschärften« (5 Mose 6,6.7). Gewissen hat dem Wesen der Sache nach mit Wissen zu tun. Ein Gewissen, eine Summe des lebensbestimmenden Wissens hat ein Mensch dann, wenn ihm das Eingeschärfte über das, was gut und böse sei, so unzweideutig in sein Bewußtsein eingegangen ist, daß ihm sein Wissen, sein Ge-wissen »schlägt«, wenn er anders handelt. Umgekehrt: Ein gutes Gewissen, »ein unverletzt Gewissen« (Apg 24,16), hat man nicht, sondern man muß es »üben«, es ist eine Aufgabe, die man gestellt bekommt: 1. Timotheus 1,19; 3,9. Das gute Gewissen gehört wie der rechte Glaube zu den Inhalten der christlichen Unterweisung (vgl. 1 Tim 1,5).

These 5:

Das Gewissen ist also kein angeborener, allgemeiner menschlicher Urtrieb der Seele, den jeder von Natur aus

»intus« hat. Auch vermeintliche moralische Elementarregeln (nicht töten, nicht ehebrechen, nicht stehlen usw.) sind keineswegs angeboren, sondern werden je nach den sehr unterschiedlichen (!) Normen einer Grund- und Höchstwerteordnung gelehrt, eingeschärft (siehe These 4). Es gibt kein angeborenes, sondern es gibt nur ein geprägtes Gewissen. Das Gewissen kann programmiert werden, wie die Wirklichkeit überdeutlich beweist.

These 6:

Wer sich auf sein Gewissen beruft, muß also sagen, welches Gewissen für ihn gilt: sein christliches oder sein nihilistisches, sein mohammedanisches oder sein hinduistisches, sein revolutionäres oder sein konservatives, sein an das Kommunistische Manifest oder sein an die Bergpredigt gebundenes Gewissen, ob es das Gewissen des militanten Befreiungskämpfers ist oder das des Christen, der »um des Gewissens willen« (Röm 13,5) der Obrigkeit untertan bleibt, auch der harten und polizeistaatlichen Obrigkeit, wie sie Paulus dort nach Lage der Dinge vor Augen hatte.

These 7:

Ein absolutes Gewissen gibt es nicht. Absolut heißt zu deutsch losgelöst, losgelöst von verbindlichen Normen. Das Gewissen aber ist vielmehr immer ein gebundenes, an einen übergeordneten Maßstab gebundenes Gewissen. Je nach dem Maßstab (vgl. These 6) wird das Gewissen programmiert: vom eigenen Ich, vom Menschen als dem Maß aller Dinge, von Lenin, von der Partei – oder von Gott, dem Vater Jesu Christi.

These 8:

Wo sich ein Mensch für einen Maßstab entschieden hat, der ihm die Inhalte seines Gewissens formt – christlich gesprochen: Wo sich ein Mensch im Glauben Gott übergeben hat und Gott allein zum Inhalt seines Gewissens hat, da schlägt ihm auch sein Gewissen, wenn er dann dennoch gegen das Wort seines Herrn gehandelt hat. Die fundamentale Aussage der Bibel dazu ist die

Geschichte vom Sündenfall, wo der Mensch gegen Gottes Verbot (1 Mose 2,16 f.) gesündigt hat und dann unter dem nahenden Schritt Gottes zusammenzuckt: 1. Mose 3,8 – nicht weil er gegen seine Ichverwirklichung verfehlt hätte und weil ihm also »sein« Gewissen schlüge, sondern weil er vom Wissen, vom *Ge*wissen um Gottes Gebot geprägt war und jetzt erkennt, daß er dennoch gegen Gott gesündigt hat. Deshalb nur schlug ihm sein Gewissen – wie bei David unter dem Gerichtswort des Propheten Nathan (2 Sam 12,7) oder wie bei Petrus, der »bitterlich weinte« (Mt 26,75), als der Hahn krähte.

III. Das Gewissen: Hölle, nicht Alibi

These 9:

Je nach der Treue zu dem, der dem Gewissen den Maßstab setzt, bleibt das Gewissen unveränderbar oder wird es verformbar. Das Gewissen ist nach aller menschlichen Erkenntnis und Erfahrung erschütternd dressurfähig, ja, es kann wie der Glaube verleugnet und ganz abgestoßen werden: 1. Timotheus 1,19: ». . . und habest den Glauben und ein gutes Gewissen, welches etliche von sich gestoßen haben.« Das Gewissen kann in der Hand des Menschen zum Wegwerfgewissen werden.

These 10:

Nach der Heiligen Schrift erweist sich das Gewissen vorab nicht als gutes und beruhigendes, sondern als böses und erschrockenes Gewissen: Zu seinen Urgestalten Adam, David, Petrus (These 6) gehören noch Worte wie Hebräer 10,22; Titus 1,15 usw. Das Gewissen ist in der Bibel in erster Linie ein Wissen um die eigene Sünde, um die eigene schuldhafte Flucht vor Gott. Das Gewissen ist kein Abholschalter für die eigene Selbstrechtfertigung, sondern eine Brandwunde (1 Tim 4,2). Das Gewissen führt nicht ins ethische Alibi, sondern in die Hölle der Sündenerkenntnis.

IV. Das »gute« Gewissen bei Paulus

These 11:

Die Verwendung des Begriffes *Gewissen* bei Paulus – und nur bei ihm spielt der Begriff eine nennenswerte biblische Rolle – widerspricht dem Gesagten (besonders der These 10) nur scheinbar. Das »Zeugnis unseres Gewissens«, das er als Ruhm bezeichnet (2 Kor 1,12), gründet sich ja gerade nicht auf »fleischliche Weisheit«, also auf seine persönliche Gewissensbildung, sondern auf die Gnade Gottes, die ihm der Quell aller guten Gaben geworden ist. Das Urteil des eigenen *guten* Gewissens ruht nicht auf der eigenen positiven Begutachtung seiner selbst, sondern – wie etwa 2. Korinther 4,2 und 5,11 zeigen – auf der »Offenbarung der Wahrheit . . . im Angesicht Gottes«, also auf jener Gemeinschaft des eigenen Wissens und Willens mit dem Willen Gottes (These 4), die der Jünger Jesu Christi zu erlangen trachtet.

These 12:

Dies gilt besonders auch für jene Stelle, die grundlegend ist für den Gewissensbegriff bei Paulus: Römer 13,5. Der Obrigkeit untertan sein »um des Gewissens willen«, das heißt doch: weil der Christ andernfalls wider besseres Wissen handeln würde. Denn der Christ weiß um die ordnungserhaltende Kraft des Staates, auch *des* Staates, der unter anderem »das Schwert führt« (Vers 4). Er weiß, daß trotz aller Vorläufigkeit auch des Staates die Staatsmacht in der dem Ende entgegenrollenden Welt die von Gott gesetzte Macht ist. Ihr gebührt dennoch die Fürbitte der Frommen (Jer 29,7), die ungebrochene Loyalität des Staatsbürgers (Mt 22,21) und der überzeugte Respekt (1 Petr 2,17) vor dem Auftrag des Staates, weil er die Mächte des Chaos aufhält (2 Thess 2, 6 f.). Darum ist es eine christliche Gewissenspflicht, gerade hier das Einssein mit dem (oft reichlich beschwerlichen!) Willen Gottes zu suchen.

These 13:

Dieses Suchen nach dem Sich-eins-Wissen um Gottes Wort und Weisung (so auch Röm 9,1) ist die christliche Möglichkeit eines *guten* Gewissens, auch des sündigen Menschen. Darauf hebt Paulus in Apostelgeschichte 23,1 ab; dies ist 2. Timotheus 1,3 im Blick, und dies findet sich übrigens auch genauso im 1. Petrusbrief (3,16 und 21).

These 14:

Sicher gibt es für Paulus auch Gewissensentscheidungen, die in Ermessensfragen des Christen im christlichen Alltag, also im Wandel des Christen, zum Tragen kommen. Die bekannten Beispiele aus Römer 14 und 1. Korinther 8 und 10 (ob dem Christen alle Speisen erlaubt seien, ob er bestimmte heilige Zeiten einhalten müsse usw.) beziehen sich ausdrücklich auf solche Fragen, in denen auch glaubende Christen zu unterschiedlichen Antworten kommen können, da sie – sehr im Unterschied zu anderen, vom Gebot Gottes her eindeutig beantwortbaren Fragen! – nicht durch ein klares Wort Gottes entschieden sind. Man spricht hier auch von sogenannten Mitteldingen (Adiaphora) des Glaubens, vorab Römer 14,1 und 20; 1. Korinther 8,7 und 12; 10,25–29. Neben anderen Kriterien, nach denen der Christ hier seine Entscheidung treffen soll, nennt Paulus auch noch die Entscheidung des eigenen Gewissens und besonders die Rücksicht auf anders geprägte Gewissen der Mitchristen: »Verwirrt die Gewissen nicht!« (Röm 14,1). Das aber heißt: Pocht nicht auf euer Verständnis des Wortes Gottes, durch das euer eigenes Gewissen geformt ist, solange ihr seht, daß da andere sind, deren Verständnis vom selben Wort Gottes zu einer anderen Gewissensbildung geführt hat! Denn um das Ernstnehmen des Wortes Gottes geht es ja auch den anderen!

These 15:

Ein gutes Gewissen haben heißt für Paulus also nie: Ich entscheide mich so, wie ich das vor mir zu verantworten gedenke. Sondern es heißt immer: Ich prüfe mich im Gewissen, ob ich auch wirklich dem nachkomme, was mir Gottes Wort gibt und aufgibt, was ich also mit dem Wort des Herrn begründen zu können hoffe.

These 16:

Die schwierige Stelle Römer 2,15, wo vom Gewissen der Heiden die Rede ist, das ihnen wie eine innere Stimme auch ohne Kenntnis des Gesetzes Moses den Weg zum Heil weise, könnte selbst dann, wenn damit Anbeter fremder Götter gemeint wären, keinesfalls die Gültigkeit der Fülle der anderen hier aufgezeigten biblischen Linien aufheben oder auch nur mindern. Es spricht aber alles dafür, daß mit den »Heiden« hier Heidenchristen angesprochen sind, wie es sie in der Urkirche neben den aus dem Judentum hervorgegangenen Judenchristen mehr und mehr gab (so Karl Barth in seinen verschiedenen Auslegungen zu dieser Stelle). Dann aber bleibt es dabei, daß es kein angeborenes, sondern immer ein geschultes und geprägtes Gewissen, hier also ein vom Wort Gottes geprägtes, christliches Gewissen gibt.

V. Folgerungen für die Kirche

These 17:

In der christlichen Kirche ist und bleibt das biblische Wort Gottes alleinige Richtschnur. Allein die Heilige Schrift ist Fundament und Norm für alles Reden und Handeln des Christen in der Kirche. Wer sich auf sein christliches Gewissen beruft, muß darlegen können, daß er sein Gewissen in der Schule des Wortes Gottes »erlernt« hat und wo er im Konfliktfall hofft aufzeigen zu können, daß er die besseren biblischen Gründe auf seiner Seite hat.

These 18:

Auch wenn die eigene Gewissensentscheidung immer unter der Autorität der Heiligen Schrift steht, wird es ertragen werden müssen, daß zwei Seiten gleichermaßen mit biblischen Gründen ihre unterschiedliche Sicht in einer wichtigen Frage des Glaubens dartun, ohne daß eine Seite die andere überzeugen und gewinnen kann. In einem solchen Fall wird man es anstehen lassen müssen, bis eine neue Stunde der Erkenntnis und der Gemeinsamkeit des Wissens und also des Ge-wissens kommt. Es darf aber unter Christen nicht ertragen werden, wenn die eine oder die andere Seite erklärt: Biblische Erkenntnis hin oder her, dies ist eben meine persönlichste Gewissensentscheidung; sie ist zu respektieren. In solch einem Fall wird es dann eben zu Entscheidungen und oft auch zu Scheidungen kommen müssen. Dies muß nicht immer in der harten Form geschehen, wie sie im 2. Johannesbrief, Vers 8 ff. geboten wird, aber es wird darum nicht weniger klar entschieden werden müssen. Das persönliche Gewissen steht nicht über, sondern unter der Heiligen Schrift.

Gott ist nicht liberal – Ist Toleranz christlich?

11 biblische Thesen zur Exklusivität Gottes

Da verwahrt sich der Personalrat der Kindergärtnerinnen einer großstädtischen Gesamtkirchengemeinde gegen die »Zumutung«, die Kinder in den evangelischen Kindergärten immer noch durch Gebete, biblische Geschichten und derlei christliche Dreingaben seelisch zu beeinflussen. Die Toleranz gebiete es, in solchen Dingen äußerst zurückhaltend zu sein und insbesondere im Blick auf die Kinder anderer Religionszugehörigkeit (offenbar ist da vor allem an Kinder türkischer Gastarbeiter gedacht) sorgfältig darauf zu achten, daß sie nicht im Sinn des Christentums beeinflußt würden. Was soll das? Ist der Missionsbefehl Jesu (Mt 28,19 f.) im Blick auf moslemische Gastarbeiter und der Ruf Jesu an die Kinder (Mk 10,14) bei Kindern aus nichtchristlichen Familien zugunsten der Toleranz außer Kraft gesetzt? Steht die Toleranz über dem von Christus gebotenen Missionsbefehl? Was geht wem vor?

Nicht nur an diesem Beispiel wird erkennbar, wie dringend es geboten ist, nicht dem Zauberwort »Toleranz« zu verfallen. Sonst wird es allmählich der Botschaft der Bibel übergeordnet. Da in der evangelischen Kirche alle Norm für Reden und Handeln ausschließlich in der Heiligen Schrift gegeben ist, versuchen wir im folgenden, biblische Antworten auf die Frage nach der Toleranz in Thesenform zu bündeln.

These 1: Die Toleranz Gottes

Toleranz – vom lateinischen tolerare, ertragen, tragen, dulden – bedeutet die Bereitschaft, einen anderen Standpunkt, besonders auch einen anderen religiösen Standpunkt zu dulden, obwohl man selbst seine eigene, dezidierte Meinung hat. Toleranz hat also weder mit der Bejahung des anderen Standpunktes etwas zu tun, den man erträgt, duldet, noch mit eigener Standpunktlosigkeit. Soweit von Gottes Toleranz überhaupt gesprochen werden kann, so besteht sie in einer Langmut, mit der er den Menschen in seiner Sünde bis zu der gottgesetzten

Grenze erträgt, duldet, toleriert. »Fürwahr, er trug unsere Krankheit«, unser Elend, unsere Schuld (Jes 53,4; Mt 8,17). Oder Jesus: »Wie lange soll ich euch tragen«, tolerieren? (Mk 9,19). Ähnlich Römer 9,22, wonach Gott »mit großer Geduld getragen hat die Gefäße des Zorns«, also uns Menschen, uns Sünder. Daß Gott unsere Schuld erträgt, am meisten im Kreuz Jesu Christi (Joh 19, 17), das ist die einzige Toleranz Gottes, die es der Bibel nach gibt.

These 2: Gott ist exklusiv

Für die Bibel gibt es keine Duldung anderer Götter neben dem einen, wahren Gott, dem Gott des ersten Gebots und dem Vater Jesu Christi: »Ich bin der HERR, dein Gott; du sollst keine anderen Götter neben mir haben« (2 Mose 20,2 f.; 5 Mose 6, 4; Apg 17, 23.30 f.). Nach der Bibel kann nicht »jeder nach seiner Fasson selig werden«, sondern er kann es allein in dem wahren Glauben an den wahren Gott: Apostelgeschichte 4, 12. Gott ist nicht tolerant, und Gott ist nicht liberal: Gott ist exklusiv.

These 3: Gottes »Eifersüchtigkeit« im Alten Testament

Schon das Alte Testament läßt keinen Zweifel daran, daß Gott keinen Kompromiß duldet, wo es um die anderen Götter, um andere Religionen geht. Die Götter haben neben Gott nicht das gleiche Recht. Die Gottesdienste für sie sind nicht verschiedene Wege zum gleichen Ziel, sondern ausnahmslos Irrwege, Wege ins Nichts, Wege in den Tod. Gott ist ein »eifriger« Gott, das heißt ein »eifersüchtiger« Gott, der seine Ehre und seine Majestät mit keinem anderen Gott und mit keinem anderen Gottesnamen teilt.

Die biblischen Belege dafür sind vielfältig. Eine Mindestauswahl: 2. Mose 20,5; 34,12–14; 5. Mose 4,24; 27,15; Josua 24, 19–24; 1. Könige 18,21; Psalm 83,19; Jesaja 37,16; 45,5 f.; Nahum 1,2.

These 4: Nicht Toleranz, sondern ein Entweder-Oder

Im Alten Testament wird das Verhältnis zu anderen Göttern, anderen Religionen und anderen Kulten durch den »Koeffizienten einer schneidenden Intoleranz« (so Gerhard von Rad) bestimmt: »Ihre Altäre sollt ihr zerreißen, ihre Säulen zerbrechen, ihre Haine abhauen und ihre Götzen mit Feuer verbrennen« (5 Mose 7,1–5). Im gleichen Sinne äußert sich das Alte Testament auf Schritt und Tritt: Richter 3,7 f.; 1. Samuel 7,3; 15,1–29; 1. Könige 18,17 ff.; 19,18 (mit Röm 11,4); 2. Chronik 28,1 ff.; Jeremia 9,12–15; Hosea 11,1 f. usw. Das Alte Testament, also die Bibel Jesu (!), lehrt eindeutig das Entweder-Oder: Entweder Gott oder die Götter. Dieses Entweder-Oder ist der einzige wirkliche status confessionis, den die Bibel kennt.

These 5: Das aktive Nein zu anderen Göttern

Gottes Wort im Alten Testament begnügt sich nicht mit einer inneren Distanzierung von anderen Göttern und Religionen, sondern es fordert die aktive Intoleranz gegen sie: »Tut von euch die fremden Götter!« (1 Mose 35,2–4). An der Eindeutigkeit der biblischen Zeugnisse führt schon im Alten Testament kein Weg vorbei; 2. Mose 34,19–21; 5. Mose 12,2–7; 5. Mose 27,15; Josua 24,20–23; 1. Samuel 11,4–10; 2. Chronik 33, 14–16; Jesaja 43,10–12, besonders aber die ständig wiederkehrende Beurteilung der Könige in Israel, z. B. 1. Könige 15,34; 16,25; 2. Könige 22,2 usw. Gott ist nicht tolerant, Gott ist heilig (Ps 83,17–19).

These 6: An Jesus werden Entscheidungen zu Scheidungen

Im Neuen Testament ist es vor allem Jesus selber, der die einzige Möglichkeit des Weges zu Gott zeigt und der zugleich diese einzige Möglichkeit selbst ist. »Wer nicht mit mir ist, der ist wider mich« (Mt 12,30; Lk 11,23). Vergl. dazu Matthäus 4,10, besonders aber die Ausschließlichkeitsworte Jesu im Johannesevangelium, am stärksten in den »Ich bin-Worten«, die keine andere Fasson zulassen, um selig zu werden. Es gibt nur den einen Weg zu dem einen Gott: Johannes 14,6; 6,35,47 f.; 8,12; 10,1-11; 11,25 f. usw. An Jesus werden Entscheidungen zu Scheidungen: Matthäus 7,13 f.; Johannes 9,39; 17,3: ». . . daß sie dich, der du allein wahrer Gott bist, und den du gesandt hast, Jesus Christus, erkennen.« Neben dem Vater Jesu Christi ist kein Platz für Allah oder Krishna.

These 7: Jesus will die Bekehrung der Heiden, nicht die Tolerierung der Religionen

Der Missionsbefehl und der Taufbefehl Jesu Christi (Mt 28, 18–20) erheben den Anspruch aller Alleingewalt »im Himmel und auf Erden«, also auch gegen die Religionen, Götter und Propheten »auf Erden«. Jesus teilt mit niemandem die Ehre, die allein seinem Vater »in der Höhe« (Lk 2,14) und keinem anderen Gott gebührt. Die Menschen, Nationen und Religionen sind nach Jesu Befehl Gegenstand der Missionierung durch seine Kirche. Alle Religionen – selbstverständlich auch der Islam. Das Neue an Jesus gegenüber dem Alten Testament besteht darin, daß an die Stelle des alttestamentlichen »Verbannens« (1 Sam 15) jetzt das Lehren getreten ist und an die Stelle des Sieges über die Heidenvölker die Missionierung der Heiden: Markus 14,15 f.

These 8: Auch die apostolischen Schriften gebieten der christlichen Kirche nicht die Tolerierung, sondern die Missionierung der Nichtchristen

Die apostolischen Schriften des Neuen Testaments liegen in der Linie des Missionsauftrages Jesu aus Apostelgeschichte 1,8: »Ihr sollt meine Zeugen sein zu Jerusalem und in ganz Judäa und Samaria und bis an das Ende der Erde.« Danach handeln die ersten Christen und besonders Paulus: Apostelgeschichte 8,26–35; 9,15; 10,42; 11,19–26; 13,47; Galater 1,15 f.; Epheser 3,8; 1. Timotheus 3,16; Offenbarung 14,6 usw. Damit nimmt das Neue Testament die Linie des Alten Testaments wieder auf, wo die alleinige Majestät Gottes schon zum Inhalt der Weltmission ohne Grenzen erklärt wird: »Erzählt unter den Heiden seine Herrlichkeit, unter allen Völkern seine Wunder!« (1 Chr 16,24). Vergl. dazu beispielsweise Jesaja 42,6; 55,5; Jeremia 16, 19–21 und besonders noch das Zeugnis der Psalmen über die Mission unter den Heiden (96,3; 102,16) und die

Anbetung vor Gottes Thron (22,28; 126,2; vergl. dazu Jesaja 2,2 f.; Jeremia 3,17 usw.).

These 9: Abholen heißt Wegholen

Die Heilige Schrift lehrt, den Andersgläubigen und den Nichtglaubenden dort abzuholen und aufzusuchen, wo er ist. Abholen heißt aber in der Bibel nirgends, den anderen dort zu belassen, wo er ist, oder ihn in dem zu bestätigen, was er ist und was er hat, also ohne Gott und fern von der einen Wahrheit. Abholen heißt in der Bibel immer, den anderen von den falschen Göttern und vom Irrtum wegzuholen und ihn auf die einzige Wahrheit Gottes, des Vaters Jesu Christi, des Allmächtigen, des Schöpfers Himmels und der Erden, hinzuweisen und hinzuführen. Auch in der Bibel wird mit anderen diskutiert, aber diskutieren im Sinne der Heiligen Schrift heißt, den anderen freundlich, aber umweglos mit der Wahrheit zu konfrontieren. Das klassische Beispiel der Bibel hierfür ist die Diskussion des Paulus mit dem Statthalter Felix, dem er sofort »persönlich kommt« (Apg 24, 24–26) und ähnlich dann mit Agrippa (Apg 26, besonders Vers 22–28). Denn an Jesus fallen Entscheidungen (Eph 4,17), und wo über Jesus geredet wird, wird nicht kooperiert, sondern vom Irrtum weggeholt (Apg 14,14–18).

These 10: Das Evangelium ist nicht kompromißbereit und nicht koalitionswillig

Im ganzen Neuen Testament wird jener falschen Toleranz widerstanden, die darauf hinausläuft, daß dem Irrtum dasselbe Recht zugestanden wird wie der Wahrheit. Die Wahrheit aber ist nach dem Neuen Testament prüfbar und feststellbar: Galater 1,6–9; 2. Timotheus 2,15–19; Johannes 4,1–6; 2. Johannes 7–11 usw. Diese nachprüfbare Wahrheit des Evangeliums ist exklusiv; sie dringt auf eine Entscheidung: Entweder Christus oder Belial (2 Kor 6, 14–18), entweder Gott oder die Dämonen, entweder der dreieinige Gott oder die Götter der Religionen (1 Kor 10,19–21). Neben Gott ist kein Platz für Allah, neben Christus kein Platz für Krishna, neben den Aposteln und Propheten kein Platz für Mohammed oder Buddha: Apostelgeschichte 4, 12; 19, 17–19; 19, 23–28; Römer 11,4; 1. Timotheus 1,17. Gott ist einzig. Christus ist nicht eine Wahrheit unter anderen, Christus ist die eine Wahrheit: Johannes 12,44–50. Wer nicht an ihn glaubt, hat nicht andere Lichter, sondern er hat die Nacht (Joh 12,46).

These 11: Die biblische Ablehnung anderer Götter und Religionen richtet sich gegen den Irrtum, nicht gegen die Irrenden

Die Heilige Schrift lehrt und fordert die Ausschließlichkeit und Absolutheit der einen Wahrheit des einen Gottes. Die Wahrheit ist darstellbar (1 Joh 2, 21–23). Sie richtet sich unter keinen Umständen nach veränderten Verhältnissen wechselnder Jahrhunderte oder geistiger Strömungen in der Welt, sondern ausschließlich und jederzeit nach dem Wort Gottes. Sie macht auch nicht halt vor ernsten Schwierigkeiten, die dem Nichtchristen drohen können, wenn er sich aus seiner anderen, heidnischen Umwelt heraus zu Jesus Christus bekehrt. Wenn die christliche Mission davor je kapituliert hätte, wäre die Gemeinde Jesu noch im 1. Jahrhundert als eine jüdische Splittergruppe aus der Geschichte verschwunden. Es hätte dann nie eine Kirche Jesu Christi gegeben, in Europa schon gar nicht. Das kompromißlose Nein des Evangeliums zu anderen Göttern und Geistern der Welt (siehe die biblischen Stellen zu den Thesen 6–8, dazu etwa noch 1 Kor 8,4–6 und 10,14) verbindet sich aber bei aller klaren Absage an den Irrtum, der nie zu einer Auch-Wahrheit wird, mit der suchenden Liebe zu den Irrenden (Mt 15,21–28; Apg 20,31; 28,1–10) und Abirrenden (Apg 20, 29–31). Das Gewand der biblischen Intoleranz ist die biblische Liebe, also der Abglanz jener Liebe Gottes, die in 1. Korinther 13 gerühmt wird.

Eine Konsequenz: Die Stellung zum Ökumenischen Rat der Kirchen

Wo die Worte und die Wörter im Worte Gottes, also in der Heiligen Schrift allein ihrem biblischen Sinn nach ernstgenommen werden, ergeben sich Konsequenzen an allen Ecken und Enden. Exemplarisch für eine ganze Kette von Illustrationsmöglichkeiten stehe hier die Konsequenz, wie sie sich auch aus diesem Blickwinkel für die Beurteilung der Theologie und der Ideologie des Ökumenischen Rates der Kirchen (ÖRK), vorab seines Genfer Stabes unter seinem Generalsekretär Philipp Potter ergeben müssen. Der ÖRK hat sich im Gegensatz zur Intention seiner Gründer, seiner Entstehungsgeschichte und seiner Konstituierung 1948 in Amsterdam spätestens seit der Vollversammlung in Uppsala 1959 mehr und mehr zum Parteigänger einer einseitig sozialrevolutionär bestimmten Weltbewegung entwickelt, der sich politisch im Sinne der revolutionären Veränderung der Welt engagiert. Dazu wird die Bibel in einem nicht mehr hinnehmbaren Maße entweder nur noch in denjenigen Stücken in Geltung belassen und unablässig zitiert, die ihm genehm zu sein scheinen, oder aber die biblischen Aussagen werden so gebogen und verbogen, bis sie in die ideologische Zwangsjacke der gültigen ÖRK-Theologie passen.

Ein besonders erschreckendes, aber eben auch erhellendes Beispiel dafür haben die Beratungen des Zentralausschusses des ÖRK in Kingston auf Jamaica (Januar 1979) geboten. Auf dem Hintergrund auch dieser Beschlüsse von Jamaica und insbesondere einer Tagung der Ev. Akademie in Bad Boll über die vom ÖRK vertretene Lehre vom »prophetischen Amt der Kirche« (Hauptreferent Dr. Philipp Potter), die 1981 stattfand, sind die folgenden sieben Thesen zu sehen. Sie sind ursprünglich ein Votum in der Synode der Ev. Landeskirche von Württemberg, das der Verfasser dieses Büchleins dort auch im Namen seiner kirchlich-theologischen Gruppe zu der Beratung über den Antrag auf Selbständigkeit der württembergischen Kirche im Weltrat der Kirchen abgegeben hat. Im hier vorliegenden Wortlaut sind die unmittelbar auf die Tagesordnung der

Synode bezogenen, also diesem Antrag zugehörigen Sätze weggelassen worden. Im Sachteil lautete das Votum folgendermaßen:

Nur in thesenartiger Kürze kann hier zusammengefaßt werden, was uns von der Linie des Ökumenischen Rates der Kirchen (ÖRK) trennt. Trennt, das heißt nicht, unterschiedlicher Auffassung sein; unterschiedliche Auffassungen müssen in der Kirche ertragen werden können. Sondern es heißt, sich von falscher Lehre trennen zu müssen, falsch, soweit es unsere getaufte Vernunft bei sorgsamem Studium der Heiligen Schrift zu erkennen vermag und wie es gewiß Gott allein entscheiden wird, aber eben *der* Gott und Vater Jesu Christi, der seiner Gemeinde in seinem biblischen Wort gebietet, die Geister zu prüfen, zu unterscheiden und sich von den Irrtümern zu scheiden, im Neuen Testament durchweg gebietet, nicht nur im ersten und vor allem im zweiten Johannesbrief. Warum und wo wir uns zu unserem Kummer getrennt sehen, soll in sieben Thesen kurz begründet werden.

1. Im Schriftverständnis

Nicht um die zumeist unbestrittene Gültigkeit, sondern um die Alleingültigkeit und Alleinnormativität des in der Bibel uns geoffenbarten Wortes Gottes geht es in der Kirche. Diese aber wird im Ökumenischen Rat und durch seine Befürworter nicht deklamatorisch, aber doch faktisch in Frage gestellt, ja teilweise verneint. Ebenso wird das evangelische Bekenntnis zur Durchschaubarkeit der Schrift – so seit Martin Luther – dadurch verneint, daß erklärt wird, bei der Auslegung der Schrift komme es sehr darauf an, in welcher Nation, mit welcher Hautfarbe, in welcher Situation und von welchem ökonomischen Besitzstand aus die Bibel befragt werde.

Wir bekennen uns demgegenüber dazu, daß man jenseits solcher Unterschiede sehr wohl die Bibel nicht nur gemeinsam lesen, sondern auch zu einer übereinstimmenden Erkenntnis dessen kommen könne, was dasteht, also darüber, was der biblische Text aussagt. Der Konsens über einen biblischen Text ist nicht abhängig von Vorgegebenheiten der menschlichen Verhältnisse. Nur die Aussage des Textes gibt Auskunft über das, was Gottes Wort sagt, nicht, durchaus nicht, unsere mitgebrachten Vorverständnisse. Dann aber gibt es weder ein sogenanntes »provinzielles Bibelverständnis« – ich zitiere Philipp Potter – noch ein vom Ökumenischen Rat nach den »Ergebnissen der politischen und soziopolitischen Analyse als dem Kriterium – man höre: als dem Kriterium! – des prophetischen Zeugnisses erarbeitetes, darüber hinausschreitendes globales Verständnis von Gottes Wort«, sondern nur ein aus dem biblischen Wortlaut sorgsam zu erhebendes und daraus erwachsendes Verständnis der Bibel. In all dem gilt dann der biblische Vorrang des Zeugnisses des Wortes, der verbalen Verkündigung, vor jeder daraus abgeleiteten Bestätigung des Wortes – etwa durch gewiß unabdingbar notwendige, mitfolgende Zeichen oder durch Taten. Wort und Tat sind nicht gleichgeordnet, sondern hintereinandergeordnet.

Wir sehen im Rahmen des unterschiedlichen Schriftverständnisses heute insbesondere auch leider durchaus getrennte Erkenntnisse im Verständnis der biblischen Hauptworte. Statt dies erneut an einer Mehrzahl von Begriffen wie z. B. Friede, Freiheit, Versöhnung u. a. zu erörtern, beschränke ich mich beispielhaft auf zwei solcher Fundamentalbegriffe:

a) *Gerechtigkeit.* Gerechtigkeit ist nicht, wie der Ökumenische Rat und verwandte theologische Bestrebungen lehren, die Herstellung einer anderen, gerechteren Gesellschaftsordnung. Gerechtigkeit ist immer wieder ein streng und konsequent auf Gott bezogener Begriff, im Neuen Testament als Antwort auf die Frage, wie der Sünder vor Gott bestehen könnte, im Alten Testament als Ausdruck des Willens zum Gehorsam des Menschen gegen Gottes Thora, Gottes Gebot, zum Gehorsam ohne Vorbehalt. Gerechtigkeit ist dort also gleichbedeutend mit konsequenter Frömmigkeit. Eine abgeleitete Gerechtigkeit im Sinne von besseren mitmenschlichen, gesellschaftlichen Verhältnissen gibt es auch im Alten Testament niemals in Absehung vom Gehorsam gegen Gott, am wenigsten bei Hosea oder Amos. Und im Sinne einer Veränderung der Strukturen der Welt gibt es Gerechtigkeit im Alten und im Neuen Testament überhaupt nicht.

b) *Einigkeit.* In der Bibel erscheint das Wort lediglich einmal – Epheser 4 – als »Einigkeit im Geist«, während der Begriff der Einheit der Bibel überhaupt völlig unbekannt, weil fremd und zuwiderlaufend ist; fremd deshalb, weil entgegen allen ÖRK-Programmen für die Einheit der Welt, der Gesellschaftsordnungen und womöglich noch der Religionen das Reichsgesetz Gottes für diese Welt nicht die Einheit ist, sondern die Vielheit, nicht die Gleichheit, sondern die Unterschiedenheit, vom ersten Blatt des Schöpfungsberichtes bis Offenbarung 20.

2. Getrennt sehen wir uns zweitens in der Lehre vom *Ziel des Versöhnungswerks Jesu Christi.*

Wir verwechselten den Glauben an Jesus Christus mit dem Glauben an eine bestimmte Christologie, so wird uns vorgehalten. Für uns gibt es aber keine »bestimmte«, sondern nur eine biblische Christologie, nämlich die Botschaft von dem Sohn Gottes, der den Sünder mit Gott versöhnt, der »gekommen ist, zu suchen und selig zu machen, was verloren ist«. So Jesus bei dem Heilszuspruch an den reichen, nach wie vor klotzreichen Ausbeuter Zachäus (Lk 19,10). Gegen den Ökumenischen Rat, der Arme, Unterdrückte, rassistisch und sexistisch Benachteiligte zu bevorzugten Adressaten des Evangeliums erklärt, erkennen wir aus der Bibel, daß Jesus als Versöhner weder für Arme noch für Reiche, weder für Unterdrücker noch für Unterdrückte, weder für Rassisten noch für Antirassisten und so fort gekommen ist, sie selig zu machen, sondern für Sünder, um sie vor Gott gerecht zu machen. Keine menschliche Kategorie ist davon ausgenommen oder darin bevorrechtigt. Die biblische Christologie ist die Botschaft von dem Christus, der in der Rechtfertigung des Sünders dessen Versöhnung mit Gott bewirkt. Daß aber das Christusbekenntnis identisch sei mit dem Bekenntnis zu sozialer Gerechtigkeit und zu politischem Frieden, das verwerfen wir als falsche Lehre.

3. Getrennt sind wir ferner im *Verständnis des Maßes aller Dinge.* Aus einer Überfülle von Äußerungen des Ökumenischen Rates und seiner Befürworter geht hervor, daß der Mensch und sein Wohlergehen, sein Glück und seine Not als das Maß aller Dinge angesehen werden. Demgegenüber bekennen wir uns zum biblischen Gegenteil: Gott allein ist das Maß aller Dinge. »Allein Gott in der Höh' sei Ehr.« Und 1. Timotheus 1,17: »Gott, dem ewigen Könige, dem Unvergänglichen und Unsichtbaren, der allein Gott ist, sei Ehre und Preis.«

Ganz gewiß fährt auch der Mensch dort am besten, wo er Gott alle Ehre gibt; aber die Ehre Gottes geht vor. Die Ehre Gottes ist vorgeordnet; das Wohl des Menschen ist nachgeordnet. Es kann nach der Heiligen Schrift sehr wohl auch geschehen, daß Gottes Heiligkeit und Ehre nicht für, sondern gegen den Menschen gilt, sogar gegen sogenannte Unschuldige, und daß das Recht des Menschen durch das Vorrecht Gottes zerbrochen wird, »welcher auch seines eigenen Sohnes nicht hat verschont« (Röm 8,32). Gottes Ehre geht vor Isaaks Recht auf Leben (1 Mose 22,2), vor Hiobs Recht auf Unversehrtheit (Hiob 1 und 2), vor den Menschenrechten des vielfach entrechteten, gemarterten Paulus (Apg 16,22–24 und 37–39; 2 Kor 11,23–26), vor dem Blut derer, die um Gottes Ehre willen starben (Hebr 11) – um aus der durchgehenden Fülle der biblischen Zeugnisse nur ganz wenige Symbolfälle herauszugreifen. Die Grundrechte des Menschen oder gar die der Gesellschaft gehen nicht vor; Gott geht vor. Gott ist das Maß aller Dinge. Daraus folgt die wahre Freiheit des Menschen, nur daraus.

4. Getrennt sind wir im *Verständnis des Verhältnisses vom Weg der Kirche unter den weltlichen Bewegungen und Mächten.*

Der Ökumenische Rat lehrt die Solidarität der Kirche mit bestimmten weltlichen Bewegungen und Gruppierungen und ihre Unterstützung, je nachdem mit Friedens- oder Kriegs- oder Revolutions- oder Befreiungs- oder Entkriminierungsbewegungen. Die Kirche müßte danach gemeinsam mit bestimmten weltlichen Mächten, Bewegungen, Parteien, Fahnen marschieren, gemeinsam mit denen, die revolutionäre, gesellschaftliche und politische Veränderung herbeiführen wollen, wie etwa im Friedens- und Angstmarsch beim Hamburger Kirchentag am 21. Juni 1981. Nach dem ÖRK soll sich die Kirche integrieren in diese Mächte, soll erbötig bei denen dabeisein, die in der Welt jetzt den Ton angeben. Dies aber ist trotz des buntbestickten, aber dünnen Mantels progressiver Modernität im Prinzip grundkonservativ, ist das grundkonstantinische Prinzip, wie es im Buch steht. Wir müssen es vom Wort Gottes her ablehnen, daß die Gemeinde Jesu Christi mitmarschiert in den Prozessionen der Massen des breiten Weges (Mt 7,13). Dazu hat die Kirche keinen Auftrag. Ihr Herr ruft sie von dort weg zu den wenigen auf dem schmalen

Weg der erwählten Fremdlinge im Diasporadasein in dieser Welt (1 Petr 1,1 f.).

5. Getrennt sind wir darum *im Verständnis der Parteinahme der Kirche im Raum der Politik.*

Daß das Evangelium »eine politische Dimension« habe, gehört zu den Fundamentaldogmen des ÖRK und seiner Verfechter. Die biblische Begründung dafür muß er notwendigerweise schuldig bleiben, und die nun doch überraschende Bezugnahme auf die Barmer Bekenntnisthesen von 1934 muß ja zwangsläufig das Gegenteil aufweisen. Denn genau das war doch die durch Barmen verworfene falsche Lehre der »Deutschen Christen«, daß das Evangelium eine politische Dimension habe, nur damals eben im Sinn des Hitlerstaates! Hat man denn vergessen, daß *dies* die Zielrichtung der Barmer Thesen war und bleibt: Stellung zu nehmen gegen die Irrlehre der Deutschen Christen vom selbst angemaßten prophetischen Amt, mit dem man die jeweilige und je nach politischer Großwetterlage wechselnde politische Dimension des Evangeliums rechtfertigen will? Weil man damals »lieber braun als tot« sein wollte, hatte man diese falsche Lehre gepredigt! Und *dagegen* wendet sich besonders die erste Barmer These, gegen die Inanspruchnahme einer parabiblischen prophetischen Politaussage. Diese erste These wird durch alle anderen verstärkt.

Das gilt besonders im Blick auf jedwelche politische Parteinahme der Kirche, also auf die falsche Lehre, »als könne die Kirche in menschlicher Selbstherrlichkeit das Wort und Werk ihres Herrn in den Dienst irgendwelcher eigenmächtig gewählter Wünsche, Zwecke und Pläne stellen«, also in den Dienst einer nationalen Revolution wie 1933 oder einer sozialistisch-kommunistischen Weltrevolution oder einer militanten Friedensbewegung. Oder in den Dienst der Propaganda, die SPD sei kirchlich doch unterstützungsfähiger als die CDU (oder umgekehrt), Eppler sei evangelischer als Schmidt, Strauß kirchlich untragbarer als Brandt usf.; Frieden mit Waffen sei biblischer als Friede ohne Waffen (oder umgekehrt). Das aber geht nicht, geht biblisch durchaus nicht. Die Kirche kann als solche absolut keine Partei nehmen im Raum der Politik. Potter hatte recht, wenn er in Bad Boll polemisch sagte, daß die

Entscheidung in der Tat daran falle, ob »die Kirche noch (noch!) an einem Verständnis der Zwei-Reiche-Lehre festhält«. In der Tat, hier trennen sich die Wege.

6. Wir sehen uns sechstens zu unserem Schmerz getrennt *im Verständnis des Reiches Gottes in dieser Welt:* Es ist das zeitlose und in der Kirchengeschichte immer wieder durchbrechende Reichgottesverständnis des Schwärmertums, wenn man wähnt und erstrebt, das Reich Gottes in dieser Welt irgendwie realisieren zu können. Das aber heißt, das Gegenteil von Jesu drei Antworten auf die drei Versuchungen des Teufels zur Lehre in der Kirche erheben zu können. Mit dem ewigen Schwärmertum aber, das eine reichgottesähnliche Umgestaltung der bösen Welt zu einer guten Welt, eine flächendeckende Verwandlung der Welt, eine revolutionäre Veränderung der negativen Erdenwelt in ein positives Erdenparadies predigt und praktizieren will, gibt es für die Gemeinde Jesu Christi keinen Kompromiß, nicht erst seit Luthers Invokavitpredigten von 1522. Unser Nein zu jedem neuen Schwärmertum ist von Gottes Wort her eindeutig. Mit Thomas Münzer kann man sich nicht verständigen, wenn man allein die Heilige Schrift gelten läßt. Zwischen biblischem und schwärmerischem Verständnis des Reiches Gottes ist »eine tiefe Kluft befestigt« (Lk 16,26). Wo die Errichtung einer reichgottesähnlichen Weltordnung für erreichbar, durchkämpfbar gehalten wird, kann sich die Kirche davon nur distanzieren, auch wenn sie dann eben keinen Briefkasten bei den Mächten und den Mächtigen dieser Welt mehr hat, um dort ihre Anliegen einzuwerfen.

Die Weltveränderungslehre der Schwärmer läuft aber auch auf eine defacto-Leugnung des Untergangs dieses Welt-Äons hinaus, dieser Welt, die nach Markus 13 und dem gesamten Zeugnis des Neuen Testaments bis hin zu Offenbarung 21 nicht allmählich besser, schöner, lebenswerter, sondern immer ärger wird, je mehr ihr Tag sich neigt. Diese Welt liegt im Argen (1 Joh 5,19), und sie wird ob der Sünde des Menschen immer ärger. Man mag darob zürnen, aufbegehren oder sein Haupt verhüllen; ändern kann man es nicht. Auch kein Bent Knipperdolling des 20. Jahrhunderts kann das, gleich, welche Farben sein Mantel und seine Fahne auch tragen. Wobei niemand verkennt, daß die Schwärmerbewegungen noch immer bemerkenswert große Massen in jubelnden Marsch zu setzen vermochten, nicht nur im Jahrhundert der Reformation. Aber Luthers ganz eindeutiges Nein zu den alles überrollenden Täufer- und Schwärmerbewegungen, seien sie noch so stark, ist das Nein der Gemeinde Jesu Christi zu allen, die mit weltlichen Mitteln etwas Reich-Gottes-Ähnliches in dieser Welt errichten wollen; die neue gute Welt, die die Enderlösung von der Macht der Sünde dann eigentlich gegenstandslos machen würde.

7. Getrennt sind wir endlich *im Verständnis eines prophetischen Amtes der Kirche.*

Daß auch über diesen derzeitigen Zentralpunkt des gegenwärtigen ökumenischen Gesprächs nur in Kurzformulierung geredet werden kann, liegt auf der Hand. Zunächst ist hier dies zu sagen: Es *gibt* ein prophetisches Amt der Kirche! Es wird Wirklichkeit in der »parresía«, zu deutsch: im freudigen Auftun des Mundes der Knechte, die wissen, daß ihnen in der Stunde der Verfolgung »gegeben wird, was sie reden sollen« (Mt 10, 19.20). Es ist die Getrostheit der Beter aus Apostelgeschichte 4,29: »Und nun, Herr, siehe an ihr Toben, und gib deinen Knechten in aller Freudigkeit zu reden dein Wort!« Aber eben *dein* Wort und kein anderes! Ein anderes als das Wort, das wir in der Heiligen Schrift haben, gibt es für die Kirche nicht und niemals.

Das ist die Weichenstellung, wo wir den Weg des Ökumenischen Rats nicht mitgehen können. Sicher gibt es auch zeitweilig verschüttete Wahrheiten der Bibel, die in prophetischem Gehorsam – wohlgemerkt: im Gehorsam, nicht in prophetischer Freiheit – neu ans Licht gebracht werden können und müssen. Aber eben biblische Wahrheiten, keine anderen, keine zusätzlichen.

Wir sagen darum nein zu jeder Relativierung der Heiligen Schrift durch die Berufung auf einen eigenen prophetischen Auftrag, etwa einen solchen, der die biblische Lehre von den zwei Reichen ignoriert, außer Kraft setzt und die Kirche zur Parteigängerin in weltlich-politischen Kämpfen machen will. Darum wehren sich Christen gegen dieses pseudoprophetische Zeugnis. Hier gehen wir nicht mit: denn »nur die Biblien ist allein der recht Lehenherr und Meister über alle Schrift und Lehre auf Erden. So aber dies nit sein soll, was uns die Schrift lehrt, dann sind wir allezeit falsche Lehrer, die haben allzeit Fried und Fried gesagt, wie Jesaja und Jeremia schreiben« (Luther, Weimarana VII, Seite 317).

Wo dies nicht wasserklar bleibt, wird die Kirche schutzlos, wenn dann eben auch andere Propheten kommen. Ein Beispiel dafür sind die Deutschen Christen, die damals und nun kraft ihres prophetischen Amtes, das sie sich anmaßten, für den Hitlerstaat eintraten, oder andere, die für nationale Rüstung eintreten. Die Kirche ist dann schutzlos, wenn der eine »Prophet« für eine sozialistische Weltrevolution eintritt und wenn der andere predigt, Hitler sei von Gott gesandt, und wenn der dritte sagt, Lenin oder Breschnew sei so einer, oder wenn wieder andere aus ihrer Prophetie heraus die Heilsnotwendigkeit der Monarchie verkünden oder wenn andere einen neuen Kreuzzug gegen den Islam oder sonst einen neuen Kreuzzug im Namen Jesu predigen. Es ist dann kein Ende mit den Propheten, wenn man die Heilige Schrift relativiert. »So spricht der Herr: Hört nicht auf die Worte des Propheten, die euch weissagen; denn sie verkündigen euch Gesichte aus ihren Herzen und nicht aus dem Munde des Herrn!« (Jer 23). Und noch einmal Luther: »Deshalben die Not dringet uns, mit aller Lehrer Schrift in die Biblien zu laufen und allda Gericht und Urteil über sie zu holen« (Martin Luther, W. A., S. 317).

Gerade die Liebe zur ökumenischen Bewegung und das unverhohlene Heimweh nach der Zeit ihres geistlichen Frühlings damals nach dem Zweiten Weltkrieg, als der Weltkirchenrat noch in der barackenartigen und also einer der Kirche Jesu Christi sehr wohl angemessenen Unterkunft in der Genfer Rue Malagnou 17 seinen Dienst ausübte, nötigt uns, gegen diese seine siebenfältig als falsch erkannte Lehre aufzustehen und das zu sagen, was nicht länger ungesagt bleiben darf.